关系飞轮

用户亲密关系
如何左右私域及未来增长浪潮

徐志斌 ◎ 著

中信出版集团 | 北京

图书在版编目（CIP）数据

关系飞轮 / 徐志斌著 . —北京：中信出版社，2022.7

ISBN 978-7-5217-4360-9

I. ①关… II. ①徐… III. ①企业管理—人际关系学—研究 IV. ① F272.9

中国版本图书馆 CIP 数据核字（2022）第 090809 号

关系飞轮
著者：　　徐志斌
出版发行：中信出版集团股份有限公司
（北京市朝阳区惠新东街甲 4 号富盛大厦 2 座　邮编　100029）
承印者：　北京中科印刷有限公司

开本：880mm×1230mm　1/32　印张：8.5　　字数：187 千字
版次：2022 年 7 月第 1 版　　印次：2022 年 7 月第 1 次印刷
书号：ISBN 978-7-5217-4360-9
定价：69.00 元

版权所有·侵权必究
如有印刷、装订问题，本公司负责调换。
服务热线：400-600-8099
投稿邮箱：author@citicpub.com

本书是献给

女儿得米和曼迪的礼物

现在，

得米8岁，曼迪也3岁了

目 录

推荐序一　关系第一，流量第二　丁磊 / IX
推荐序二　赢得用户的心　刘德 / XI
推荐序三　你喜欢自来水，还是井水　刘润 / XV

前　　言　新流量规则 / XIX

01 超级用户

具备"四高"特征的用户几乎是企业所能遇见的最好的用户：90%以上都具备转化率高、复购率高、分享率高和转介绍率高的特征。在实际商业环境中，还有什么能比企业拥有庞大的超级用户群更理想的呢？

- 从一个问题开始　　　　　　　　　　　　003
- 98%以上的用户曾向亲友推荐华为手机　　　004
- 6%～12%的粉丝愿意无上限支持　　　　　　007
- 玩法不敌大势　　　　　　　　　　　　　010
- 超级用户群及其典型的"四高"特征　　　　011
- 粉丝是为明星背负责任的家人　　　　　　012
- 华为"花粉"是怎么开始的　　　　　　　014

02 亲密关系

超级用户和品牌之间有着更亲密的关系。越亲密，用户响应企业事件的速度越快、支付金额越大，对产品的贡献越大，是普通用户的5倍。关系的增强直接推动普通用户上升为超级用户。

- 友盟+：两年来超级用户贡献持续上升　　025
- 10余年来的行业大变迁　　031
- 越亲密越活跃：《征途》的关系运用　　033
- 众筹一个酒店：Himama的人群分析　　037

03 私域浪潮

无论是腾讯研究报告还是邓巴教授的发现，都指向一点：用户的时间和分享开始流向最亲密的15位好友。在社交网络中，现在的关键是社群，未来一步却是亲密关系。

- 腾讯报告：用户分享的去向变化　　045
- 15位亲友占据用户60%的时间　　051
- 用户购买决策受好友影响　　053
- 私域流量的本质是亲密关系　　055

04 新增长飞轮

三种亲密关系不仅帮助我们理解和抓住未来的关键，还在过去两大社交引爆模型和"裂变六字"的基础上再度孕育出新增长飞轮。

- 人们的密友数量更少了　　063
- 运用亲密关系的三大方式　　064
- "裂变六字"：拼、帮、砍、送、比、换　　073
- 10年前的引爆故事　　076

- 两个被验证的引爆模型 078
- 亲密关系主导的新增长飞轮 082

05 第一种亲密关系：我很可信

这是企业推进关系管理时采用最多也忽略最多的亲密关系类型。通常用户要求企业提供超高性价比的产品和优质的服务。然而一旦信任崩塌，用户和企业之间的关系也就一去不复返。

- 超级盟主与起点大神 089
- 从截流在街头变成截流在床头 098
- 模拟平辈之间的亲密关系 104
- 超强信任催生前置运营 106

06 躺赢时代

用户一直希望用更低的成本（费用、脑力和时间）获得更大的收益（愉悦感、优质的产品或服务），当两端不断演进，用户投入产出比的极致就变成了"躺赢时代"。

- 华为手机为什么能超越小米手机 115
- 推力和拉力 119
- 用户希望躺着就能赢 121
- 用户对收益的要求越来越高 125
- 价值观是最好的收益 126
- 《冈仁波齐》的价值观营销 128
- 超级竞争者 131

07 第二种亲密关系：我很可爱

用户面对参与养成的品牌，会越发偏爱与投入。当企业希望用户视品牌如己出时，会展现自己快速成长的一面，也可能展露出造成巨大负面影响的一面。

- 让用户视品牌如己出　　　　　　　　　　135
- 越亲密，用户越偏爱和投入　　　　　　　142
- 轻互动与提频　　　　　　　　　　　　　145
- 告诉用户，我在时时成长　　　　　　　　149
- 半成品时代　　　　　　　　　　　　　　151
- 似乎存在一个悖论　　　　　　　　　　　152

08 新品牌特权

新创品牌和团队特别适合模拟站在晚辈角度的亲密关系，并衍生一个特别现象：在超级用户的呵护下，新创的企业和品牌似乎有一种特权，用户愿意包容它们的"小错"，以陪伴其持续成长。

- 对170个艺人后援会的调研结果　　　　　157
- 品牌越轻量，越容易模拟晚辈型亲密关系　162
- 转介绍销售了百余辆新车的蔚来车主　　　165
- 好心也会办坏事　　　　　　　　　　　　170

09 第三种亲密关系：我很可亲

人们天然亲近于帮助自己的人，当企业从长辈角度出发构建和用户的亲密关系时，意味着无微不至地为用户着想，甚至细化到更多特别的时刻。

- 谁骗走了你父母的钱　　　　　　　　　　175

- 被打击的灰色保健品公司　　　　　　177
- 正规公司的销售"套路"　　　　　　178
- 武松与宋江的初次见面　　　　　　　182
- 像长辈一样关怀用户　　　　　　　　185
- 退货率从3%降到万分之二　　　　　 186
- 亲密关系与各种关键时刻　　　　　　189

10 关系的建立：如何从陌生走到亲密

在关系大崩塌中，一起做件事、确立自己被需要的角色等事项是使关系从陌生到亲密的要素。与之相辅助的还有地域和血缘等，但是能让亲密关系一直维系下去的，只有价值观。

- 血缘和地域　　　　　　　　　　　　201
- 富力俱乐部的球迷　　　　　　　　　202
- 事情是最好的介质　　　　　　　　　205
- 蘑菇租房的会员体系与进阶　　　　　210
- 价值观让亲密关系更稳固　　　　　　215
- 让关系开始的六大要素　　　　　　　217
- 私域浪潮与商业未来　　　　　　　　219

后记&致谢 / 225
参考文献 / 233
推荐语 / 237

关系第一，流量第二

网易公司首席执行官
丁磊

大家都知道中国是人情社会，我们每天都在处理各种人情关系，从家庭关系、邻里关系到社会关系。但认真去想，任何国家或地区都是人情社会，美国的高校推荐信就是典型的人情关系。

人情和关系的本质是社交，社交是人的天性，是人寻求归属和认可的外在表现，也是构建一个社会的基础要素。

随着社会发展，社交也在不断演化。现在，社会上有一种观点，中国的90后、00后都不走亲戚了，中国的人情社会将消失。我想，我国几千年来形成的集体主义文化不会这么轻易消失，但不可否认，中国人的社交方式确实在发生变化。

改革开放后，我国加快了由传统农业社会向工业化、城镇化的现代社会转型。与此同时，社会人际关系也在发生变化，以前都是一个村子，现在有了不同的社会身份、社会圈层、居住城市。我们的社交也从大家庭变成了小家庭，从利益驱动变成了兴趣驱动，从以地域为中心变成了以圈层为中心。

变化的另一面是机遇。互联网的普及使社交越发便捷、高效。过去几年，很多人在谈论移动互联网社交红利，但坦率地说，很多商业模式本质上还是打着社交的旗号，做着比较粗放的流量变现生意。当下，越来越多的人开始反感线上社交，其实大家反感的并不是社交本身，而是得不到正向反馈的无效社交。

这本书将社交网络新趋势与私域浪潮进一步聚焦到一个个经典案例，像一张张切片，深入浅出地剖析了如何从流量经营到关系经营。比如，在第1章中，我们能看到私域流量中那群备受瞩目的人是如何影响企业的；在第2章中，我们能了解到成功的企业如何塑造关系并实现增长。同时，作者投入大量的时间、精力走访和调研，每个论点背后都有翔实的数据支撑，这一点难能可贵。

网易在成立后的20多年里，一直在实践如何经营关系，所以我们有了网易新闻的跟帖、网易云音乐的云村、网易游戏的社交玩法。来自大量用户的正向反馈也让我坚信，只要产品能够让用户产生情感共鸣，剩下的一切都是水到渠成。

人是一切商业模式的核心，成功的企业一定能够让用户产生归属感，这个时候企业不再是一个系统运作的庞大机器，而是一个靠谱的朋友、贴心的恋人甚至温暖的长辈。用户和企业的这种亲密关系一旦建立，必将是长久且牢固的。

我与徐志斌认识这两三年，日常交流中就非常认可其在社交网络、私域流量领域的知识和能力，通过这本书深入浅出的总结，他又将其在这个领域的方法论提升到一个新的理论高度。相信这本书会让你对私域流量乃至企业经营有更深层次的见解。

赢得用户的心

小米集团联合创始人、高级副总裁
刘德

一提到粉丝经济，大家往往会把小米当成典型代表。小米早期的一些具体做法，如邀请用户参与研究、米粉节、做爆品，已经被友商像素级学习和模仿，不少打法更是成为"行业标配"。成为最年轻的《财富》世界500强企业，这不仅仅是小米一家公司的胜利，更是一系列商业理念的胜利——和用户做朋友、感动人心、价格厚道、让科技拥有慰藉人心的力量。

伴随着小米树立起一个又一个里程碑，这种和用户做朋友、让用户参与研发的做法正不断地传播给更多的人，在更多的企业和行业中生根、发芽、开花、结果，助推中国商业的进步与成熟。

对中国企业来说，增长和规模非常重要，而增长和规模都离不开流量。互联网平台对流量的开发利用，可以说做到了极致，新流量的获取日益困难，这是所有企业经营者都会感受到的压力——流量越来越贵。

获取新流量越来越贵、越来越难，倒逼大家高度重视存量流量的精细化运营。"私域流量"这一概念正是在这个大背景下诞生的，也成为近期热门的话题。特别值得我们注意和警惕的是，如果只是把用户当成"流量"、当成冰冷的数字、当成"韭菜"来收割，我们就会偏离初心。

永远不要低估用户的智慧，群众的眼睛总是雪亮的，没有人会甘心当"韭菜"。靠套路没有出路，赢得用户的心才是根本。

要赢得用户的心，首先要想清楚赢得哪类用户的心，你不可能满足所有用户的所有需求。弱水三千，只取一瓢。以小米早期为例，17～35岁的理工男是我们的核心用户。只有明确核心用户，才能深入挖掘他们在什么场景会遇到什么问题和麻烦，才能对症下药地用产品或服务解决用户的问题。

解决了用户的问题，才是赢得用户认同的前提。

要赢得用户的心，就要与用户做朋友。同时，把握用户关系的尺度，既不要把用户抬得太高，说什么"用户是上帝"，认为"用户说什么都是对的"，也不能藐视用户，总以为"自己的产品或技术天下第一""用户不买自己的产品就是不识货"。不要给用户下跪，也不要让用户下跪，以平等的态度与用户做朋友就好。朋友当然要货真价实，朋友当然要有朋友价，朋友当然要常来往，走心了，动作才不会变形。

要赢得用户的心，让用户和你站在同一边，参与感十分重要。闭门造车式研发会带来巨大的风险，用户及早参与有助于新产品的方向更加精准，也能够加快产品的迭代和升级速度。用户参与当然不局限于研发，营销乃至经营的方方面面都可以开放节点让用户参与其中。更多地参与才能增强亲密关系，做到这本书中提到的"让用户视品牌为己出"。

要赢得用户的心,终极武器是使命、愿景和价值观。用户认同一个品牌,本质上是认同品牌的使命、愿景和价值观。坚守梦想、长期践行自身价值观的企业,才能最终持久地赢得用户的心。对小米而言,就是要始终坚持做感动人心、价格厚道的好产品,让全球每个人都能享受科技带来的美好生活。当我们不断推出一个又一个的好产品、酷产品时,才能不断为用户的"信任账户"加分。

随着实践的深入,我们对用户的理解也在不断加深。这本书提供了大量最新的用户运营实战案例,充满鲜活生动的"街头智慧",读起来轻松愉快且富有启发性。这本书中一些观点阐述,比如从用户关系出发倒推重构业务和运营流程、超级用户的概念,以及把用户关系细化成长辈、平辈和晚辈三种不同的关系,很有新意,对实践来说也极具指导意义。

你喜欢自来水，还是井水

润米咨询创始人
刘润

徐志斌出版他的第一本书《社交红利》时，我就开始读，受益匪浅，其后拜读了《即时引爆》和《小群效应》，这已经是第四本。

写书多，不可怕。可怕的是，他的每一本书都极富洞见。

这本书的核心是私域，但志斌不是就私域讲私域，他找到了一个非常好的切角，那就是促成私域价值的核心——关系。我觉得，志斌用这看上去简单的两个字，纲举目张地抓住了私域真正的要点。

什么是私域？

我们说流量如水。如果用水打比方，公域的流量就像自来水——付费用水，价高者得。你出的租金高，这个铺位就是你的；竞价排名，你出的钱多，这个关键字就是你的。付费，就给你用户。一旦停止付费，水龙头就关了。

而私域流量就像井水，打井很贵，但用水免费。比如，做一个公众号就像打一口井，这其实特别不容易，成本特别高。从2018年开始，我们每天都要创作至少一篇高品质的内容，一天不敢懈怠。一旦数据显示没有给读者价值，我们就要复盘。一直以来，兢兢业业，勤勤勉勉。现在，公众号"刘润"有了200多万读者。很贵，但是虽然贵，一旦有了这口井，我们就可以每天用文章触达我们的用户一次，这样的触达完全免费。

自来水便宜的时候，你会想打井干吗，但随着用水的人越来越多，水价会越来越高。

根据 eMarketer、赛迪网、《新京报》等不同渠道的数据，2010年卖家在线上平均获客成本大约是37.2元，2011年涨到了54.6元，到2012年变成83.3元，成本越来越高，到2019年已经是486.7元，在10年内涨了10多倍。

一些人开始认真地思考：这些钱都够我打口井了。于是，2021年整个中国突然到处都是打井声。

我举个例子，有家餐馆叫太二酸菜鱼，去这家餐馆吃饭，最好先学会"对暗号"。当你坐下来点菜时，如果服务员对你说"让我们红尘作伴"，不要紧张，你要淡定地回答"吃得潇潇洒洒"。这时，服务员会说"自己人"，然后送你一份"自己人"专享小菜。

还有这种事？真有这种事。那么怎么成为他们的"自己人"？加入一个组织——太二宇宙基地，它其实就是太二酸菜鱼的粉丝群。这个群每个月都会发布当月的暗号，有了这个暗号，粉丝去店里吃饭就能领取一份专享小菜。

我想，聪明如你，立刻就会明白，太二酸菜鱼是希望用这个富有专属感的福利维护粉丝黏性,然后不断吸引他们到店消费。

这招真的有用吗?当然,太二酸菜鱼统计过,2020年通过"对暗号"一共送出15万份专享小菜。按照他们的平均客单价88.4元来计算,这个有趣的暗号给他们带来了1 300多万元的收入。太二宇宙基地就是他们的那口井。

2021年,我签约成为腾讯公司的顾问,其间最重要的工作就是和一群极为优秀的小伙伴梳理私域逻辑。我们对私域的定义是:私域就是那些你直接拥有、可重复、低成本甚至免费触达的用户。

这句话背后有三个关键词:拥有、可重复、免费。

第一,拥有。首先,这口井是你的。你用这口井,不必交钱;别人用,你还能收钱。

第二,可重复。可重复的同义词是主动。客人吃完饭走了,你说"欢迎再次光临"。他会不会真的再次光临?你并不真的知道。他不来找你,你就找不到他,很被动。太二宇宙基地最重要的作用就是:我想的时候,可以主动触达。因为主动,所以可重复。

第三,免费。只有取水免费,打井才有意义。每次触达的成本越低越好。

可是,为什么用户一旦加入你的私域,就愿意免费被你重复触达呢?这背后的逻辑就是这本书中所说的——关系,即亲密关系。

首先,我很可信。所以你愿意被我触达,你相信我是来服务你的,不是来骚扰你的,更不是来消费你的。

其次，我很可爱。志斌在这本书里提出了很有意思的概念——模拟晚辈。"我是后生晚辈，请多多提携"，这样用户就更能包容你，甚至成为你的衣食父母。

最后，我很可亲。你也可以成为长辈，因为人们自然而然地亲近帮助自己的人，也让定位为长辈的企业自然受到关注。

私域是水，而且最好是胶水——让用户来了就不想离开、离不开。我想，这水中掺杂的胶就是关系。关系越浓，胶水越黏。而这个胶的主要成分就是本书中强调的：我很可信，我很可爱，我很可亲。

感谢志斌，再次写出一本让我受益匪浅的书。流量生态正在进行一场轰轰烈烈的公域私域的打通，这场打通就是一场打井比赛。祝你通过阅读这本书找到最佳取水点，以及称手的打井工具。

我突然很期待，不知道志斌的下一本书会给我什么启发，但一定会很有启发。

新流量规则

企业要留意用户和品牌之间的关系了,而且是亲密关系。

品牌只有被用户认可和接纳,才能进入用户的15个亲密好友的圈子。也只有这样,才能收获许多以"四高"为典型特征的超级用户——分享率高、转化率高、复购率高、转介绍率高。

无论是哪一"高",都是企业渴望的"增长""获客""变现"等实际结果。而超级用户群可能只占用户群体的1%左右。换句话说,企业可能并不是服务数以百万计的用户,而是只服务其中1%的超级用户。

当下,用户正逐渐接纳品牌成为自己的"家人",并产生越来越深远的影响。在这一新变化中,用户和品牌模拟像兄弟姐妹、父母长辈一样的亲密关系,并为此投入自己的热忱和资源、时间和金钱。

刚才提及的数字"15"是用户的亲密好友数量上限。在生活中，通常用户60%的时间给了最亲密的15个人。若没有进入这个大名单，意味着不是用户的亲密关系，也就无法在其圈子中被认可。

简单来看，新流量规则、新一波社交红利及新的增长方式已经到来。长远来看，对应的商业模式、企业管理方式和组织结构都在发生变化，包括私域流量、DTC（直接面对消费者的营销模式）等热词，乃至未来很长一段时间诞生的其他热词，都会和"用户与品牌所形成的亲密关系"息息相关。

现在虽然已有1 000万家企业（截至2021年年底）布局私域，但大部分企业尚未意识到真正的缘由，没有意识到用户与品牌能够形成亲密关系——完全不一样的亲密关系，并能给自己带来强劲的增长驱动。

很少有人料到亲密关系会在今天成为一块新的商业基石，而这在此刻已经是越来越清晰的事实。

我们所面对的新规则演变成：**企业只有跟用户产生深度关联、形成亲密关系，才能最大化利益**。围绕用户和品牌形成长远且忠诚的关系、增强亲密关系的行动将会贯穿产品研发、运营和营销等方方面面。

尤其值得一提的是，在新社交环境中，企业有很大的机会参与制定新的流量规则。过去的红利获得者，即那些被成就并已成为独角兽的企业，正是因为深度参与了过往流量规则的制定，得以充分享受到了彼时的新流量。

现在，机会重新被释放出来。

本书想要和你聊的，就是这个话题。

01
超级用户

具备"四高"特征的用户几乎是企业所能遇见的最好的用户：90%以上都具备转化率高、复购率高、分享率高和转介绍率高的特征。在实际商业环境中，还有什么能比企业拥有庞大的超级用户群更理想的呢？

从一个问题开始

在进行这组调查及后续追踪访问时，我们完全没有想到华为会在2020年后成为中美贸易摩擦的焦点，关注度和声望创新高，也没有想到荣耀手机业务会被出售而与华为分离。

那还是2018年年末，一位就职于华为的朋友从深圳前来拜访，约聊"社群"这个话题。华为手机的粉丝运营在国内市场一直是标杆，是众多从业者重点关注的对象。其实，第二天是华为"花粉"年会在北京召开之日——华为手机的粉丝被称为"花粉"，这才是他所在的华为团队来北京的重头戏。

首届"花粉"年会于2014年举办，当时有粉丝向华为手机部门提议，就像企业每年都会为自己的员工、合作伙伴召开的年会一样，也为粉丝召开一个专属于他们的年会。这个建议很快被采纳并在当年成形，而且被长期保留下来，每到年底，就是粉丝们再聚的时候。

我在与朋友的聊天中得知，为举办2018年"花粉"年会，华为不仅承担了受邀参加年会的 1 000 位"花粉"的住宿费用，还在伴手礼中放入了一部时价 1 799 元的荣耀手机，仅这两项支出总计就超过 200 万元。

等年会活动结束后，我尝试检索媒体报道，仅寥寥可数的几篇。多年媒体和市场传播从业经历，让我很清楚一点：一家公司投入这么一大笔费用在一个不见诸媒体、不大张旗鼓传播的市场活动中是非常少见的。在国内，即便是几家以粉丝运营著称的企业，也很少听说此类大手笔的投入。

听到这些费用和安排后，我很好奇：在以关注投入产出比为主的企业市场活动中，面向粉丝的大投入值得吗？

为了搞明白这个问题，我设计了一个问卷提给华为用户，问卷包含"用户复购意愿""推荐给亲朋好友的意愿""影响好友购买的情况""用户如何定义自己和华为手机之间的关系"等几大类问题，最后共有 2 264 人给出详细的回答。

98% 以上的用户曾向亲友推荐华为手机

进行调研时，华为手机还拥有两大子品牌，分别是"华为"和"荣耀"，其又分出多个不同的系列。当时"荣耀"品牌尚未被出售。在此为了叙述简便，我们忽略这些子品牌的差异及后续市场变化，统称为华为手机。

抽样调研呈现出了以下结果（见图 1-1）：

- 91.25% 的用户购买过 2 部及以上的华为手机，其中购买了 6~10 部的占 18.51%，更有 10.11% 的用户购买了 10 部以上；
- 购买手机配件的表现类似，85.64% 的用户购买了 2 个及以上，其中 10.78% 的用户购买了 10 个以上；
- 98.54% 的用户曾向亲友推荐华为手机，其中 51.19% 的用户推荐亲友购买了 5 部及以上，还有 3.32% 的用户成功转介绍达到 50 部及以上；
- 93.37% 的用户在社交媒体发布和分享过包括广告视频、海报和评测结果等在内的华为手机产品信息，只有 6.63% 的用户从不在社交媒体分享和推荐。

调研结果虽然只源自部分人群且发生在三四年前，却勾勒出这样一组用户形象：华为手机用户群体保持着超高转化率和复购率，不断在各个社交媒体推荐自己喜爱的产品，不断向亲朋好友推荐，影响对方的购买决策。而且，用户中年轻群体的比例（32%）和企业中高层及公务员的比例（20.09%）都比较高，这两个群体所购手机型号中，最贵、最新的旗舰机占比最高。

您曾经购买过多少部
华为 / 荣耀的手机？
答题人数：2 264
1 部：8.75%
10 部以上：10.11%
6~10 部：18.51%
2~5 部：62.63%
您推荐过您的亲朋好友购买
华为 / 荣耀的产品吗？
答题人数：2 264
否：1.46%
是：98.54%
您推荐亲朋好友购买过多少部
华为 / 荣耀的手机？
答题人数：2 231
50 部及以上：3.32%
20~49 部：4.12%
10~19 部：11.52%
5~9 部：32.23%
5 部以内：48.81%
您购买过多少个华为 / 荣耀的
手机配件或其他产品？
答题人数：2 264
10 个以上：10.78%
1 个：14.36%
6~10 个：17.14%
2~5 个：57.72%
您是否在微信、微博等网络平台分享过华为 / 荣耀的产品信息？
（新闻 / 广告视频 / 海报 / 评测等）
答题人数：2 264
没有分享过：6.63%
是，经常分享：46.29%
是，偶尔分享：47.08%

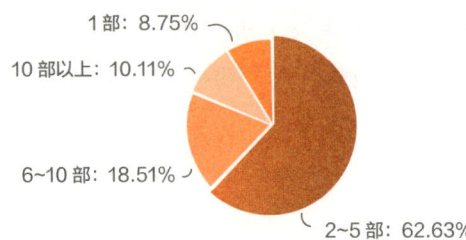

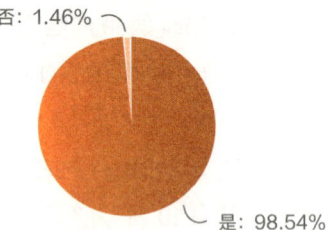

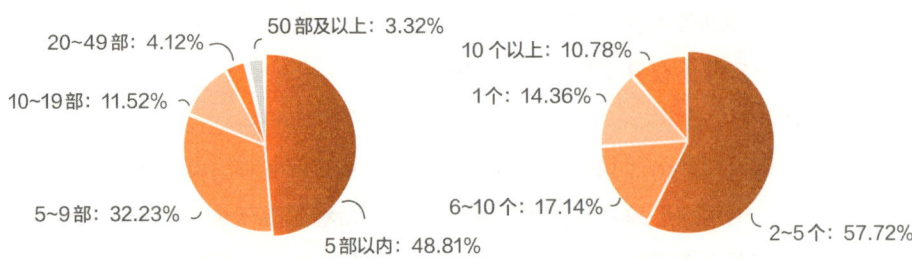

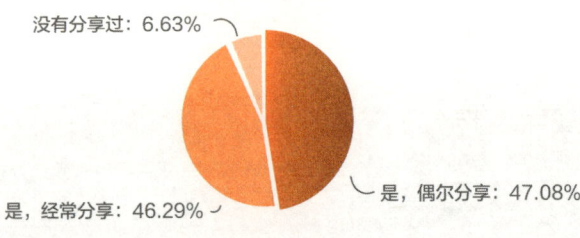

图 1–1

调查还在进行时，我同步和华为公司的朋友交流了更多信息。当时在华为手机用户群体中，堪称"铁杆用户"的超过11万人。通常，当前大部分手机用户每两年更换一部手机，铁杆用户却不同，他观察到的情况是：这个群体的换机频率在9~12个月，基本是追逐着新款手机的发布节奏。

6%~12%的粉丝愿意无上限支持

上述调研结果的背景是，2018年年中，华为手机取得了国内净推荐值第一、销量第一、发货量全球第二的成绩。

华为手机用户的这个现象让我想起我在百度贴吧的一个发现，也反映出类似人群的行为习惯。过去10年间，我和百度贴吧产品团队经常围绕社交媒体未来演进、用户行为习惯等话题展开讨论。在长期观察的社交媒体演变中，百度贴吧一直是最佳观测对象之一。在最近一次沟通中，他们分享了一个社群变现收入的历史调研结果。

在百度贴吧，明星吧是最具关注度的存在。那次调研就是从明星吧入手，目的是观察粉丝怎么为明星带来收入，分析的粉丝范围覆盖了中国、中国香港、中国台湾、日本、韩国、欧美等国家和地区。结果显示：粉丝多集中在15~24岁范围内，女性占据绝大部分（70%~80%）。以中国粉丝为例，超过60%的用户愿意配合明星的官方宣传，超过30%的用户愿意自发组织粉丝聚会，还有近 30% 的用户会组织团购明星代言的产品（见图 1–2）。这个结果在不同地域差别不大。

报告中的这组数据还不是最炫目的，贴吧接着了解粉丝的付费意愿，结果显示，半数粉丝一年内支出 500 元左右；因地域不同，分别有 6%～12% 的粉丝愿意无上限支持（见图 1–3）。

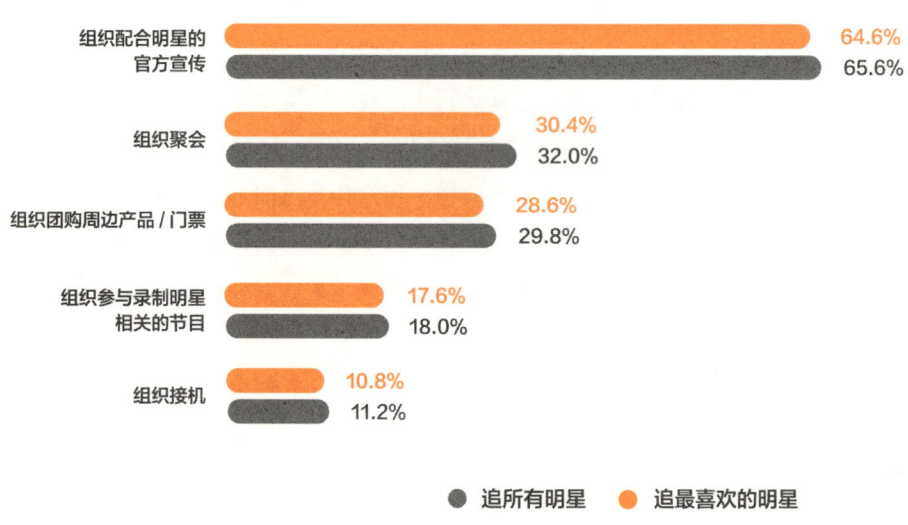

图 1–2　中国粉丝活动组织情况

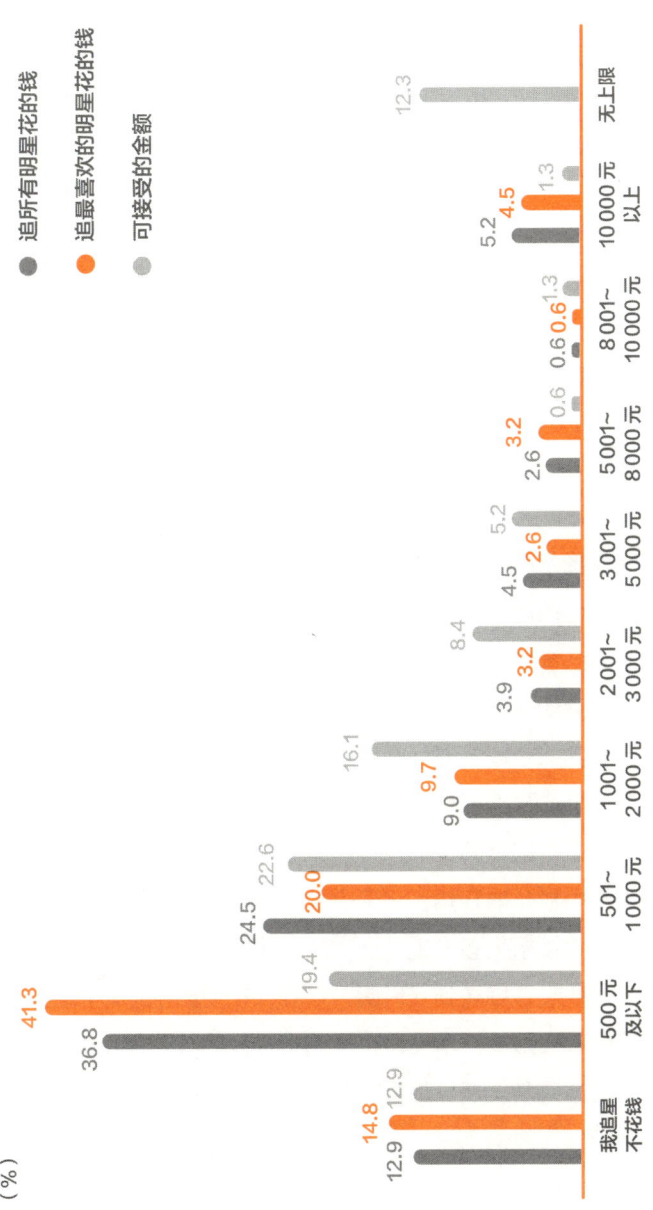

图 1-3 粉丝的付费意愿

玩法不敌大势

不管是贴吧结果中"约 60% 的用户愿意配合官方宣传、约 30% 愿意组织团购",还是华为手机调研结果中"93.37% 的用户在社交媒体上分享过产品信息",相比平均水平都高出很多。很多行业背景信息可以帮助我们看清这些数据对比。

在社交媒体发展早期,大部分 App(手机应用程序)能实现 10% 的分享率,即 10 个阅读内容或参与活动的用户中就会有 1 个主动分享给好友。我将这个数值定为优秀社交媒体分享基准线。最近几年,不管是 App 还是公众号,分享率都呈下降趋势。本书写作期间,我特意向身边的创业者了解最新数据,一个日活跃用户数量超过 1 亿的超级 App,日常分享到微信的仅 100 万人次左右,部分微信公众号分享比例也下降到了阅读人数的 1%~3%。

不论对比最佳时期还是当下,贴吧和华为手机的调研数据都意味着我们看到一个超忠诚、超活跃的用户群体,在这个分享比例下,通常一个小规模铁杆粉丝群就足够发起声势浩大的传播活动,可迅速覆盖更广泛的人群。

而娱乐圈中粉丝的狂热,终于引发了 2021 年开始的"饭圈"大规模治理,使娱乐生态发生了巨大的变化。

从一家企业经营好坏到"饭圈"兴衰,都受到全球政治经济及国内政策的直接影响。本书诸多案例中提及的公司,可能在写作整理数据时还蓬勃发展,随后却在疫情或整顿中遭遇至暗时刻,甚至因此倒闭。

策略不敌大势，玩法不敌大势。我们无法左右大势，却能通过复盘找到共性和可借鉴之处，在局部生态中争得一席之地。

超级用户群及其典型的"四高"特征

在某种程度上看，商业公司粉丝的狂热度并不比明星粉丝逊色。最近几年看华为、小米等品牌手机资讯，新品手机销量超过百万部的时间节点通常以周来计算，如检索 2019 年年初这两大手机品牌发售新机突破百万部所需的时间，均为三四周，其中很大一部分就来自这些铁杆用户的主动分享、转介绍。在贴吧和华为手机的两项调研中，具备明显"四高"特征的用户占据了显著位置：

- 转化率高，用户掏出真金白银来支持；
- 复购率高，持续黏着，持续复购；
- 分享率高，绝大部分用户都积极分享并协助组织活动；
- 转介绍率高，用户持续影响亲友的购买决策。

这些"四高"用户几乎是企业能遇到的最佳用户，用"超级用户"来形容和定义毫不为过。在实际商业环境中，还有什么能比企业拥有庞大的超级用户群更理想的呢？

粉丝是为明星背负责任的家人

这些超级用户是谁？他们为什么愿意无上限地付费支持，或不断影响亲友购买5部乃至50部手机？这是我在第一时间想问的问题。

为此，我回到百度再请贴吧帮忙，约到了周杰伦吧和蔡徐坤吧等明星吧的吧主，想实际了解数据背后的真实情况。

和周杰伦吧的吧主先讨论的话题是他们如何管理这个主题吧，两位吧主告诉我："每个人都是义务在这里做事，所以更像是一个家，每个人把自己擅长的事做好，互相配合就可以了。"

粉丝们都义务做了哪些事？

从2008年开始，粉丝们会在每年4—5月举行伦吧盛典，颁发一系列奖项表彰伦吧粉丝中表现出色者。从2010年开始，每年暑假还会举办伦吧才艺秀，涉及唱歌、画画、弹琴、剪纸等多个项目，粉丝们都可以报名参加。还有一个在除夕夜正式呈现的伦吧春晚，也是面向全体粉丝征集节目。想想各自公司市场部举办大活动时投入的人力、物力、财力和精力，就知道他们做的这些事有多了不起。很难想象它们仅仅是由一些粉丝自发、义务实现的。

两位吧主说，最开始是因为喜欢周杰伦，很想为偶像做点儿什么。慢慢地看着伦吧越来越好、人越来越多，就自然而然地产生感情，渐渐地投入更多。现实中明星并不常来贴吧，可能和这些吧主也没有亲密接触，但他们说："很多事情我们都在默默地做，大家并不希望一定能得到回应，或得到什么好处，仅仅是因为这个偶像带给我们的正能量。"

2019年7月，粉丝们再度将周杰伦送上微博超话排行榜第一的位置，同年9月，又在12小时内将他的新歌《说好不哭》送上各大榜单第一的位置，最后单曲销量破1 000万，销售额超3 000万元。这是我访谈后发生的大事件，可见更多粉丝带着长时间累积的情感主动地参与其中。

和蔡徐坤吧的吧主聊时，正好碰上他们在发起一场粉丝活动。2018年1月，爱奇艺打造中国首档偶像男团竞演养成类真人秀《偶像练习生》（我们会在第8章详细讨论这档节目，探讨其所展示的全新的、典型的用户行为变化，以及由此产生的深远影响），蔡徐坤就是在这档节目中C位出道，成为那段时间备受关注的新星。前文提到的7月微博超话排行榜第一的争夺就发生在周杰伦与蔡徐坤两人的粉丝之间。我在访谈中同样得知，各项活动都是粉丝们自发、义务在做。

吧主向我介绍，粉丝们自发在很多城市举办线下应援活动，真人秀期间组织了多场线下拉票，邀请路人为蔡徐坤投票，为此粉丝们自掏腰包，买水赠送给帮忙投票的人，他们甚至还制作了关于蔡徐坤的杂志。

"最开始因为看好蔡徐坤，加入了他的粉丝群和后援会，后来通过应聘加入了吧主管理团队。做工作人员跟一般粉丝没有什么区别，只是我觉得对蔡徐坤和后援会有一份责任。出了什么问题、有什么活动，我都必须把它处理好、经营好。这已经是自己的一份责任了。"这位吧主说。

简略的对话实际上是几个小时长聊后的缩写，我有意放弃了如何策划活动、大家日常怎么交流和互动等内容，只保留了"为什么要做这件事情"的答案,就是想探究粉丝和明星之间的关系。

要知道,粉丝们为明星自发去做一个大事件,将明星活动变成自己的责任,在社交媒体和社群的语境中是一件了不起的事情,只有明星和粉丝之间形成了亲密关系,才会实现这样的结果。在这些答案中,我们看到许多粉丝都认为自己和明星之间是"亲密关系",是为明星背负责任、被明星需要的家人。

华为"花粉"是怎么开始的

那么企业呢?回到刚才的调研中,华为手机又是如何收获这么多超级用户的呢?

在调查中有一个问题是请"花粉"用一句话描述自己和华为手机之间的关系,鉴于回复实在过多,我将答案集中放在一个关键词工具中,看到了如图1-4所示的关键词云显示。

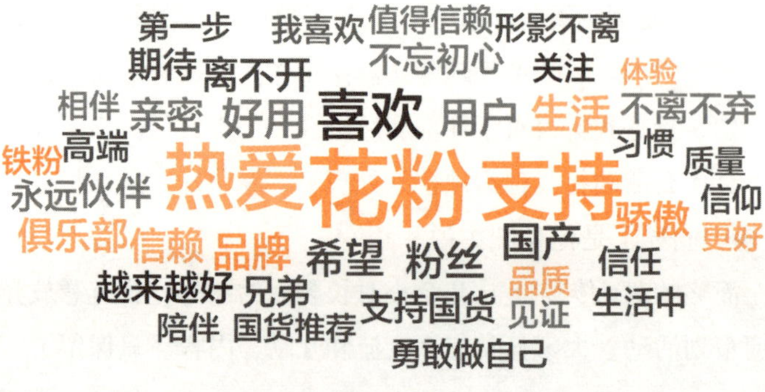

图1-4

我还特意进入一个华为手机的核心粉丝群,询问他们"为什么参加各种'花粉'活动和年会",得到的最常见的回答是:

- 主要想见小伙伴;
- 大家已经很熟了,平时哪怕同城很近也很少见面,干脆借着年会过来聚一聚,也想看看自己一直参与的社群背后及企业高层到底是什么样子;
- 能接到自己喜欢的企业的邀请参加发布会,觉得很骄傲,也能见到很多一直交流但未曾谋面的朋友。

回复中超过 90% 是来见其他'花粉',想见华为员工和高层的占 53%,还有些甚至认为自己和华为手机是"兄弟关系"。当被问到"你为什么要做华为手机的粉丝"时,80% 的回答都是"品质好"。

看了调研结果和这些回答后,我飞往深圳去当面向一些华为公司的朋友求助,想看看能不能找到更多的参考信息。

我特意找到了冯立,他是"花粉"部门的开创者。过去几年,冯立的角色发生了几次变化,早期他曾服务腾讯 10 年时间,担任 QQ 秀部门的产品经理。在腾讯发展史中,这是一段关于"拯救"的故事——QQ 秀成为腾讯三大互联网收入来源之一,帮助后来的社交帝国找到了收入信心。2011 年年底,冯立加入华为,"花粉"业务正是他从 0 到 1 搭建起来的。后来他又加盟传音担任高级副总裁,传音是国内开拓海外市场最成功的手机品牌之一。现在,冯立创办了一家名为"司向"的公司,帮助国内企业转型

超级用户 | 015

私域。

2018年5月，华为公司内部做了一些小范围的调整，与以前相比，"花粉"部门的架构和规划与市场部完全融合，面向"花粉"的运营显然在华为公司内部进入了新阶段。不过，我和冯立讨论的还是最初的问题："花粉"对华为手机的发展起到了多大的作用？这些超级用户是怎么浮现出来的？

冯立先反问了我一个问题：你认为社群运营应该是新业务的发动机和主导者，还是作为原有业务的辅助和补充？

当时国产手机阵营中，小米、魅族等品牌采取的策略相似，都是和粉丝紧密互动，提前释放某些功能邀请用户试用，一些设计也会有意提前公开，以试探用户，寻求反馈。这些被认为是典型的社群运营策略，在用户中提前确立认知，或根据反馈快速优化和调整。因为，包括冯立的前东家腾讯（当然也是我的前东家）在内的面向普通用户的互联网产品和品牌很早就确立了一个基础认知：**如果新功能或新产品在推出前就有用户反馈，会有益于产品快速推进。**

这一认知获得了越来越多的企业认可和践行。但华为并非是这样的风格，这家久负盛名的公司骨子里满是大客户基因，即大订单、大客户，加上重研发，非常看重知识产权，很多信息都处于严格保密的状态。多年前，我曾受邀前往华为大学做过一次关于社交媒体话题的深度分享，就感受过这种保密文化，还记得我进入办公区域时，工作人员会详细登记访客是否携带笔记本电脑、U盘等设备，就是为了防止泄密。在这样的氛围下，华为手机想要邀请粉丝提前试用、提前给出意见建议，几乎不可能实现。

好在那时正值华为在向移动市场迁移,为此启动"终端+管道+云"战略,浏览器、邮件、记事本等面向用户、能为手机服务的业务,都被整合到了冯立所在的新部门,这为运用新策略推开了一道小门缝。他们因此开始内部陌拜,分别敲开一个个产品部门办公室的门,告诉同事们,粉丝能帮助新产品做什么、会提供什么帮助等内容,同时承诺引入可控粉丝来参与新品测试。

早期为了建立内部信心,冯立做了很多区隔,如将粉丝分成不同的小组。这样做的好处是,如果发现某张设计图被提前泄露,接触过该图的粉丝小组就再也看不到新信息。在这些策略下,慢慢有些部门的态度松动,做了一些尝试。随着更多的活动被推进,不同的部门逐渐感受和接纳了新理念:**用户的引入和活跃是有价值的。**

互联网公司估算用户价值就以此为出发点,活跃用户数越多,营业收入和估值就越高。只是过去华为估算用户价值的方法并不是这样,随着粉丝被引入各个活动和环节,各部门渐渐接受了这个新理念。在和用户接触时,冯立观察到:**大部分提前参与内测的粉丝没有想过要得到什么回报,只要自己的想法在产品中被实现就很欣喜,并且会越来越投入,他们自驱动且相互影响。**

华为在高校中吸引了很多有时间、有精力、有想法的大学生:部分大学生很希望有质量更优、市场表现更好的民族品牌脱颖而出;部分大学生有很强的意见领袖诉求,很享受大家都来问他参数、购买细节等信息的过程。

冯立将此形容为"汤姆·索亚效应"。这可不是一个公认的心理学名词,实际上出自马克·吐温的小说《汤姆·索亚历险记》,

主人公正是顽皮的汤姆·索亚。故事一开始，小汤姆因调皮而被姨妈惩罚周六去刷墙、不能玩耍时，他忽悠其他孩子说刷墙是件很好玩的事，结果他们抢着替他刷墙。

"工作是一个人被迫要干的事情，玩耍是一个人没有义务要干的事。"经过在职场的不断引用和延伸，渐渐地，人们认识到把工作变成游戏，通过增加内在激励因素，可以让某些行为自然发生。游戏化运营就可以被看作一种"汤姆·索亚效应"。

当时"花粉"部门所有运营工作仍只是小范围的测试，一点点慢慢推进，逐渐改写公司上下对粉丝的认知。直到一件大事发生，华为才彻底意识到"花粉"的真正价值和意义。

那是 2013 年 12 月，华为发布荣耀 3C 和 3X 两款手机。荣耀品牌作为华为移动互联网子品牌正式被推出，新标识"honor"第一次被打到手机背面。检索那时的报道，会看到这样一些出货数据：（新机）12 月 25 日上午 10 点 08 分开售，1 分钟售罄；开启预定后，累计预订量突破 900 万部；2014 年年底，荣耀 3C 和 3X 的出货量达 2 000 万部。看起来销售速度很快，满满都是大厂商来势汹汹的样子。

不过，故事开头不是这样。

那时，华为公司内部对荣耀品牌是否有独立价值打了一个很大的问号，产品线和设计线都不占优，团队也不占优。整个荣耀团队很小，只有市场和规划是独立的，其他资源共用，经常面临不配合等困境。

就这样一个当时内部并不十分看好的业务，却在粉丝的帮助下爆发了巨大的声量。当时，粉丝们创造了各种机会将华为手机和小米手机比较、硬碰。小米市场部也意识到了这一点，一直在提醒自己的粉丝不要回应。只是无论怎么提醒，两大品牌骄傲的粉丝仍然混战在一起，为各自喜爱的品牌背书。荣耀的市场团队震惊地看着自己的百度指数和微博热度迅速上升，超过小米手机，又最终带动了销量爆发。

发布会后华为公司内部复盘，他们很清楚此次投入的市场预算并没有多少，出乎意料的结果只可能是粉丝自发传播实现的，因此要求自己想明白如下问题：

- 到底发生了什么事情？
- 荣耀有什么，能让粉丝们如此支持？

复盘的答案是产品没有什么不同，要说不一样，也只是在两个角度和过去的习惯做法有差别。

一是定价方式发生变化。新产品采取了估量定价法，估算最终会售出多少部，并以此来定价。采取这种定价策略，可以从一开始就以最优惠的价格销售产品，先买先受益，意味着第一批购买的忠诚粉丝不会受到伤害。

华为此前未采取过这种定价方式，而是习惯按出厂量和出厂成本定价，价格呈高估状态，价格随着销量提升再逐渐降低，用户越延后购买，性价比越高。

估量定价法并非华为公司首创，并且早已是手机行业的通用定价方式。只是，虽然价格看起来很有竞争力，风险却如影随形——如果卖得不好就会亏损很多。提前预订的方式也会被用户抱怨是"期货",其他先行采用这种定价法的国产手机品牌就曾多次遭受用户的指责。

二是传播方式依赖粉丝。他们发现,华为的产品技术和品质、使用体验、品牌印象等已经被用户充分认可,在这个基础上都是粉丝在创造各种机会和小米粉丝碰撞、针锋相对,是粉丝以几何倍数地推动扩散。这直接提升了新手机发布事件的关注度,产生了传播引爆效应。

复盘过后,从第二个变化出发,冯立在粉丝诉求和社群日常运营之间建立了这样一个联系:为所有华为手机粉丝塑造一个向心力和一个高远目标,让大家有共同的追求。

我们可以这样描述这个目标:"(手机产品)先满足需求,再超越预期。"

此后,华为手机内部几条业务线开始争抢"花粉"部门,这个新部门也开始支持所有子品牌和系列。终端营销团队和"花粉"部门团队开始商讨如何在其他手机产品线复制荣耀的玩法,后来发售 Mate7 时营销方式如出一辙,只是触发的核心用户群体不同。

更多资源源源不断地朝粉丝倾斜。从 2013 年年底开始,华为手机大部分发布会都安排"花粉"坐前三排,公司高管从第四排开始落座。2014 年年底,华为干脆接受粉丝建议,为"花粉"举办了第一场年会,从此以后成为年度惯例。围绕用户的社群运营、关系进阶等各项工作成为华为内部的日常工作。

但说出来你可能不信,最早被引入华为手机的核心粉丝只有 5 个。

还有，冯立问我的那个问题的答案是：社群运营应该是新业务的发动机和主导者，要从这里出发，倒推、重构业务和运营流程。

扫描二维码
欢迎和我随时交流

扫描二维码
购买配套私域增长课

02
亲密关系

超级用户和品牌之间有着更亲密的关系。越亲密,用户响应企业事件的速度越快、支付金额越大,对产品的贡献越大,是普通用户的5倍。关系的增强直接推动普通用户上升为超级用户。

友盟+：两年来超级用户贡献持续上升

2019年年初，我请友盟+帮忙分析App行业内用户构成变化，想看看超级用户的影响是不是更大了。友盟+现在为超过180万款App提供数据采集、统计和分析等服务。这类海量数据是一个巨大的宝库，能为我们提供难得的鸟瞰视角，是我在写作中经常求助的对象之一。这家公司也早早被阿里巴巴收归麾下。

接到求助后，友盟+随机选取了新闻资讯、运动和短视频三个领域的主流App，追踪分析了2018年1月和2019年1月这两个时间段的用户数据。他们发现，这些领域的App超级用户占比和贡献都在持续上升（见图2–1、图2–2和图2–3）。

例如，新闻资讯类App的超级用户占比从2018年的11.56%上升到2019年的28.2%，每周阅读总时长占比由42.8%上升到76.1%；运动类App的超级用户占比由2018年的10.2%上升到2019年的14.7%，每周贡献活跃时长占比从53.7%上升到79.5%；短视频类App的超级用户占比由2018年的11.8%上升到2019年的23.2%，每周贡献活跃时长占比从37.5%上升到56.1%。

a) 2018 年 1 月

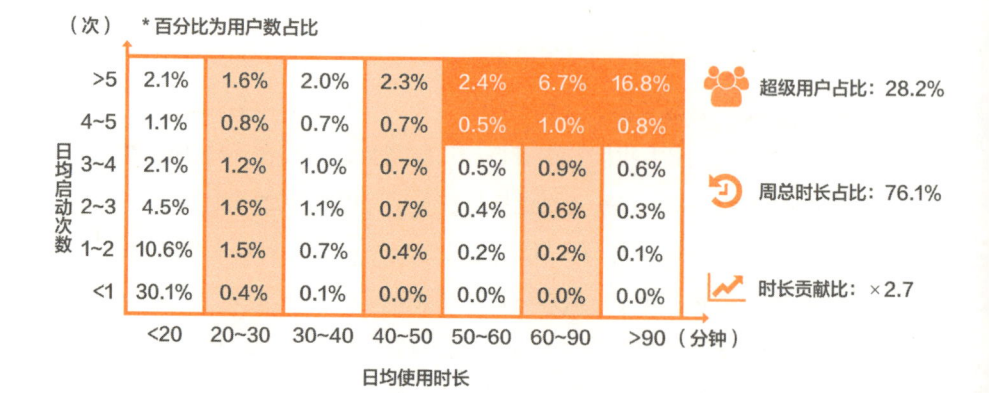

日均启动次数 (次) \ 日均使用时长 (分钟)	<20	20~30	30~40	40~50	50~60	60~90	>90
>5	1.65%	2.89%	3.57%	3.43%	2.87%	5.04%	2.72%
4~5	1.26%	1.23%	0.99%	0.65%	0.39%	0.43%	0.11%
3~4	2.56%	1.74%	1.16%	0.67%	0.37%	0.36%	0.08%
2~3	5.50%	2.21%	1.16%	0.57%	0.27%	0.23%	0.04%
1~2	12.65%	2.01%	0.00%	0.00%	0.00%	0.09%	0.01%
<1	40.32%	0.56%	0.13%	0.04%	0.02%	0.01%	0.00%

*百分比为用户数占比

超级用户占比：11.56%
周总时长占比：42.8%
时长贡献比：×3.7

b) 2019 年 1 月

日均启动次数 (次) \ 日均使用时长 (分钟)	<20	20~30	30~40	40~50	50~60	60~90	>90
>5	2.1%	1.6%	2.0%	2.3%	2.4%	6.7%	16.8%
4~5	1.1%	0.8%	0.7%	0.7%	0.5%	1.0%	0.8%
3~4	2.1%	1.2%	1.0%	0.7%	0.5%	0.9%	0.6%
2~3	4.5%	1.6%	1.1%	0.7%	0.4%	0.6%	0.3%
1~2	10.6%	1.5%	0.7%	0.4%	0.2%	0.2%	0.1%
<1	30.1%	0.4%	0.1%	0.0%	0.0%	0.0%	0.0%

*百分比为用户数占比

超级用户占比：28.2%
周总时长占比：76.1%
时长贡献比：×2.7

图 2-1　新闻资讯类 App 的超级用户划分

注：新闻资讯类 App 的商业变现逻辑是超级用户定义维度选择的前提。
数据来源：友盟＋。

a) 2018 年 1 月

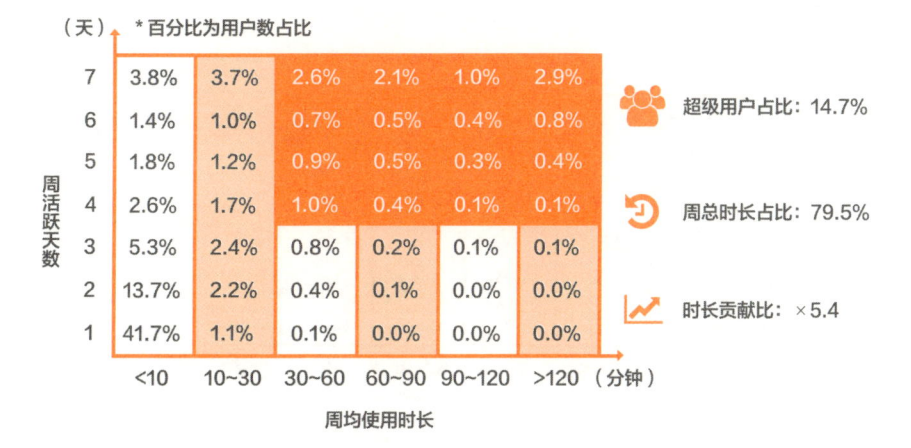

周活跃天数 (天) \ 周均使用时长 (分钟)	<10	10~30	30~60	60~90	90~120	>120
7	1.3%	6.7%	1.9%	1.2%	0.6%	1.4%
6	1.5%	4.6%	0.6%	0.3%	0.2%	0.7%
5	2.3%	3.4%	0.5%	0.3%	0.2%	0.6%
4	3.0%	2.2%	0.6%	0.4%	0.3%	0.5%
3	4.4%	9.3%	0.9%	0.6%	0.3%	0.3%
2	34.9%	1.8%	1.5%	0.6%	0.2%	0.1%
1	2.7%	4.9%	1.6%	0.2%	0.1%	0.1%

*百分比为用户数占比

超级用户占比：10.2%
周总时长占比：53.7%
时长贡献比：×5.3

b) 2019 年 1 月

周活跃天数 (天) \ 周均使用时长 (分钟)	<10	10~30	30~60	60~90	90~120	>120
7	3.8%	3.7%	2.6%	2.1%	1.0%	2.9%
6	1.4%	1.0%	0.7%	0.5%	0.4%	0.8%
5	1.8%	1.2%	0.9%	0.5%	0.3%	0.4%
4	2.6%	1.7%	1.0%	0.4%	0.1%	0.1%
3	5.3%	2.4%	0.8%	0.2%	0.1%	0.1%
2	13.7%	2.2%	0.4%	0.1%	0.0%	0.0%
1	41.7%	1.1%	0.1%	0.0%	0.0%	0.0%

*百分比为用户数占比

超级用户占比：14.7%
周总时长占比：79.5%
时长贡献比：×5.4

图 2-2　运动类 App 的超级用户划分

注：以 App 用户的一个使用周期，即一周作为纵轴，考虑到用户使用场景，用日均启动次数并不合适。

数据来源：友盟+。

a) 2018 年 1 月

日均启动次数 (次) * 百分比为用户数占比	<10	10~20	20~30	30~60	60~90	>90 (分钟)
>9	0.02%	0.18%	0.59%	3.64%	2.82%	1.90%
7~9	0.04%	0.30%	0.67%	2.22%	0.87%	0.31%
5~7	0.18%	0.93%	1.52%	3.41%	0.96%	0.28%
3~5	1.14%	3.15%	3.24%	4.52%	0.83%	0.19%
1~3	11.73%	8.97%	4.41%	3.24%	0.32%	0.05%
<1	34.06%	2.63%	0.51%	0.17%	0.01%	0.00%

日均使用时长

超级用户占比：11.8%
周总时长占比：37.5%
时长贡献比：×3.2

b) 2019 年 1 月

日均启动次数 (次) * 百分比为用户数占比	<10	10~20	20~30	30~60	60~90	>90 (分钟)
>9	0.0%	0.2%	0.5%	4.1%	5.3%	8.3%
7~9	0.1%	0.2%	0.5%	2.5%	1.7%	1.3%
5~7	0.2%	0.7%	1.2%	4.0%	2.0%	1.1%
3~5	0.0%	2.4%	2.8%	5.4%	1.7%	0.7%
1~3	9.4%	7.4%	4.2%	3.9%	0.6%	0.2%
<1	24.1%	2.3%	0.5%	0.3%	0.0%	0.0%

日均使用时长

超级用户占比：23.2%
周总时长占比：56.1%
时长贡献比：×2.4

图 2-3　短视频类 App 的超级用户划分

数据来源：友盟+。

这些上升建立在总体用户活跃和使用时长普遍下降的基础上。友盟+分析了更多垂直行业的App，发现大部分行业的App用户活跃度和使用时长数据都处于下降通道（见图2-4）。当然也存在例外情况，同一时期短视频和教育培训这两大行业的App算在其中，短视频类App的人均启动次数明显增加，但使用时长同样在缩短；教育培训类App则是使用时长增长，启动次数明显减少。

在普遍下降的情况下，部分用户相反更加活跃，所做贡献越来越大。而目前，流量增长滞缓早已成为全行业共识，基于这个变化，加大用户运营投入、更好地服务老用户也就成为必然趋势。这些行业App的数据变化同样指向这一结论。友盟+对比之后发现：**超级用户对产品的贡献至少是普通用户的5倍。**

增长不仅仅来自获取新用户，也来自推动普通用户转变为超级用户、重新召回流失用户并将其变成超级用户。

超级用户不是一个全新的现象，过去10多年来，行业内一直围绕这个词在讨论，尤其是最近几年，越发频繁。翻阅《小众行为学》《超级用户：低成本、持续获客手段与赢利战略》等图书，或从2018年年底吴声和罗振宇的公开演讲中，我们都会看到一个特别活跃、复购频繁且天然有影响他人能力的群体，这个群体被定义为超级用户。现在，超级用户显然形成了更显著的影响，在接下来的案例中，我们会反复看到超级用户的身影。

只是，在当前社交环境中的超级用户和过去有何不同？回顾华为手机、百度贴吧的案例，我们能够看到：**超级用户和品牌之间有着更亲密的关系建立和情感联结。**

a) 2018 年 1 月

类别	日人均启动次数（次）	次均使用时长（分钟）
小说阅读	11.3	10.6
新闻资讯	5.3	23.6
运动健身	5.3	19.2
教育培训	5.1	4.3
音乐播放	4.3	9.9
短视频	4.0	22.1
图片美化	3.1	5.6

b) 2019 年 1 月

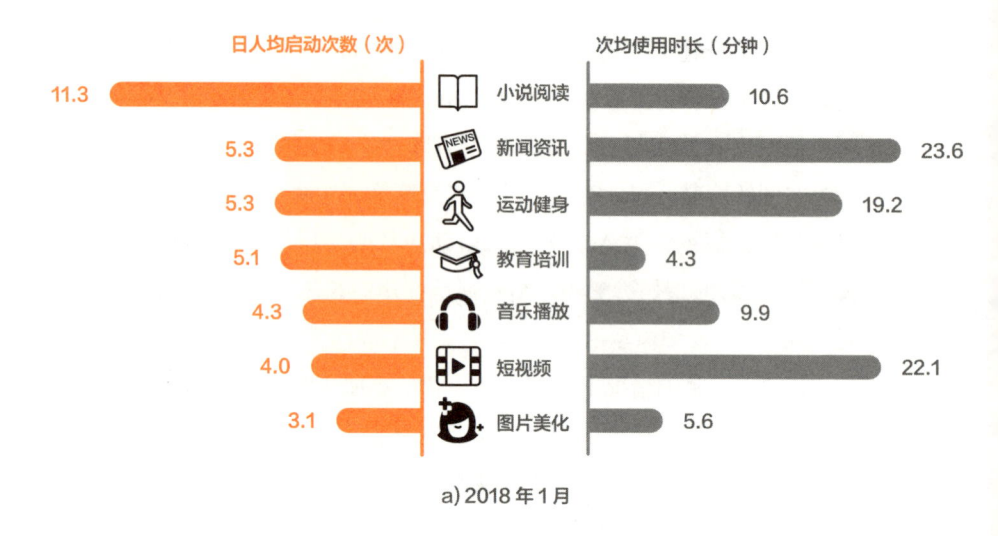

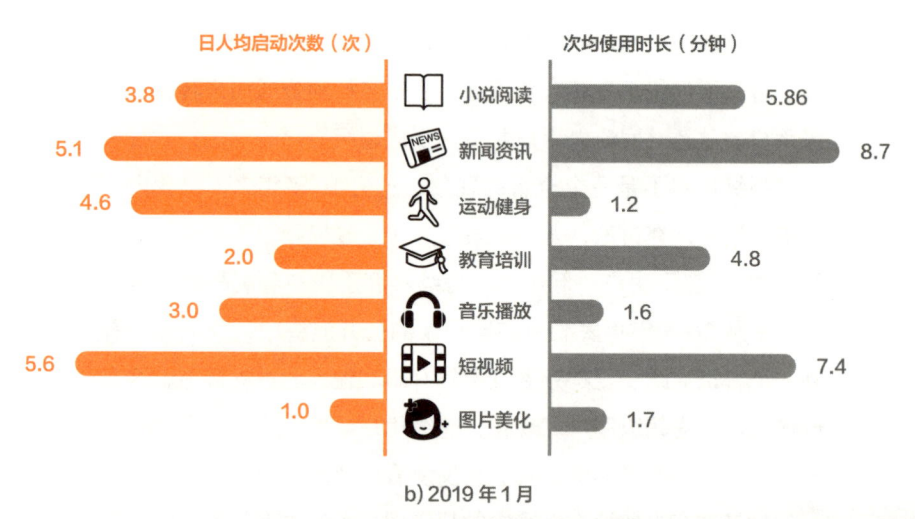

类别	日人均启动次数（次）	次均使用时长（分钟）
小说阅读	3.8	5.86
新闻资讯	5.1	8.7
运动健身	4.6	1.2
教育培训	2.0	4.8
音乐播放	3.0	1.6
短视频	5.6	7.4
图片美化	1.0	1.7

图 2–4 咨询类/娱乐类 App 更看重时长，工具类 App 更看重启动次数

数据来源：友盟+，以上数据根据各垂直行业排名前五的产品进行计算。

10 余年来的行业大变迁

在巨人网络上海总部有一面"大事记"墙，走过时会产生历史在眼前快速翻过的错觉。这家特点鲜明的网络游戏公司创办于 2004 年，2007 年凭借《征途》网游登陆美国纽交所，又在 2014 年 7 月私有化，2015 年年底回归国内 A 股市场。不过，走在"大事记"墙前，让人印象深刻的"大事"不是这些，而是 2014 年年底巨人网络才正式在墙上标记手游产品。

记得在 2011 年春节，我曾和腾讯 QQ 空间产品经理沟通，他们告诉我，就在这年春节，QQ 空间手机照片上传量第一次超过发表文字篇数，并且图片量直接数倍于文字篇数。这个数据的意义及行业变化大背景被许多人忽略了，连很多腾讯人都没有意识到移动化浪潮在那时已经掀起。

正是在这一年，微信面世。那时大家绝对想不到，微信会这么深度地改变今天的工作和生活，它也一度让腾讯创始人马化腾庆幸拿到了"移动船票"。四年后腾讯微博（就是我曾在的部门）被放弃，原因也和移动用户占比过少有关。当时新浪微博移动端用户和电脑端用户占比达到 6∶4 至 7∶3，移动端占比较大，腾讯微博用户比例则是倒过来，甚至只有 2∶8，即 20% 是移动用户。新浪、搜狐、网易等门户网站也被迫让位给了诞生于 2012 年的今日头条。百度在 2012 年意识到移动端的重要性，经过一年多的发力，终于在 2014 年将 14 个 App 推到亿级用户水平……在这些行业的诸多大事件中，对移动端重视与否几乎左右

亲密关系 | 031

了后续 10 余年的市场兴衰，巨人网络当然也没有跳脱这个大势。

巨人网络财报显示历年收入虽然有高有低，但多处在增长通道中，直到 2014 年第一季度财报显示网络游戏最高同时在线玩家人数同比下降 2.7%，财报上说主要是因为当季没有做大规模的营销宣传活动。发布这次财报后，巨人网络从纽交所退市。等再次回到国内 A 股市场时，我们又从财报中看到了后续几年游戏收入的变化情况：

- 2015 年电脑端游戏收入 14.39 亿元，移动端游戏收入 4.56 亿元；
- 2016 年电脑端游戏收入微降 1.3 亿元，移动端游戏收入则上升到 9.56 亿元；
- 2017 年电脑端游戏收入再度减少近 3 亿元，移动端游戏收入上升到 14 亿元，移动端游戏收入全面超越电脑端。

回顾这组数据，2014 年几乎是移动窗口留给大企业的最后时间，2014 年以后，巨人网络"大事记"墙上和游戏产品相关的事件都和移动端相关。搜索一下会发现，那段时间以后，端游[①]发布数量急剧减少。人们不禁要问：大家都去玩《王者荣耀》"吃鸡"去了，还有多少用户会玩电脑游戏？但当我们深入了解时发现，答案和想象的完全不同。

---

① 端游指客户端游戏，即通过下载客户端，在电脑上操作的网络游戏。——编者注

越亲密越活跃：《征途》的关系运用

2018年的一天，我搭乘最早的航班飞往上海，前往巨人网络旗下的《征途》团队拜访游戏主策、运营负责人、市场负责人这三位核心高管。这款寿命已超18年的网络游戏是巨人网络的起家产品，到今天早已分为《征途1》和《征途2》两个版本。最近几年，《征途》团队一直在做社交化改造，分别测试和引入了不同亲密度的关系链，正好为业界提供了难得的观察样本。我想了解的正是这些不同亲密度的关系链会给游戏业务分别带来什么帮助。

如前文回顾的发展史一样，2013—2014年这两年，《征途》电脑端用户和收入都处于下滑通道。团队为此一直在分析数据，想摸清新环境中用户的需求究竟是什么。显然，移动端用户没法用几个小时来完成一个任务，而大量消耗用户时间又恰好是许多网络游戏设计的初衷，减少游戏时间成本成为新环境中的用户诉求。伴随着这个分析过程的是针对游戏任务和玩法等方面的持续梳理，团队逐渐理解：**游戏必须要做到让用户"爽一把"的时间成本更低。**

和玩法变化相比，同样重要的还有"关系"。

他们当时自问：什么游戏能让人玩10年？现在答案早已揭晓，正是社交关系："用关系链让用户相互联系起来，关系链越多，玩家停留得越久。"不过，找到这个答案经历了不同关系的阶段测试。

最早《征途1》（2004年）主打国战玩法，游戏中关系链以国家、帮会等大群体为主，动辄两三千人，现实却是玩家能够维系的关系数量非常有限，维系大群体需要耗费大量精力，因此游戏中的关系渐渐从大群体转向越来越小的亲密关系。2010年，《征途2》推出家族玩法，开始国家和家族并重。相比帮会系统，家族缩小到了以40人左右为核心。

2015年，《征途2》改造上线夫妻系统，向用户间的亲密关系为主倾斜。正是在这个时间点，游戏下滑颓势被止住，并在2016年重回上升通道。2017年，《征途1》和《征途2》同时上线小队系统——一个6人组队的玩法。

几年间，游戏引入的用户关系越来越小、越来越亲密。吸引很多玩家构建这些关系种类，用户变得更活跃，大幅拉升了活跃时长。一个显著的对比是：此前用户平均游戏时长为2～2.4个小时，引入这些亲密关系后增加到了3～5个小时。

回顾不同种类关系的引入过程，我们多次听到巨人网络的不同部门讲述类似的故事：某玩家飞到某地，找到在游戏中结识的前伙伴，请他回到游戏中来和"兄弟们"继续玩。而这些"兄弟"返回游戏后的第一个动作通常是大额充值，因为要更痛快、更愉快地和"兄弟们"一起玩。

用户在亲密关系背书下，更快地做出大额付费的决策。

从2013年开始，网络游戏惯常使用的在游戏网站大量投放广告获客的方式已无法带来新用户，最多也只是召回老用户，即便如此，召回成本也高达200～300元/人。亲密的小关系陆续上线使团队发现，《征途》80%以上的获客渠道集中于社交网络，来自用户的分享和推荐，获客成本低到可以忽略不计。

以2017年12月推出的《征途2X》为例，召回前后，活跃用户同比增长80%以上，付费用户数增加30%。其中通过兄弟组队、分享礼包等方式进入游戏的用户占比达到60%，并且更喜欢直接付费，例如在我（2018年）拜访当天看到的数据是：近期付费最多的大R用户在一周内花费12万元。

这款游戏推出早期就以国战著称，大R一直是最大的收入来源。R是"人民币"字头的首字母，意指人民币玩家，和今天所讨论的超级用户一样。在手游中，玩家习惯将高付费游戏称为"氪金"。以《征途2》为例，一年内付费金额在5 000~30 000元之间的用户被称为中R，3万元以上被称为大R，付费金额超过10万元就可以被称为超级大R。这款游戏在我访问时用户构成及付费比例如表2–1所示。

表2–1

	付费占比（%）	用户占比（%）
大R及超级大R	32.87	0.47
中R	34.43	3.16
小额付费及普通用户	32.7	96.37

2015年夫妻系统的上线直接拉动游戏的营业收入增长20%~30%。《征途》团队观察这些亲密关系上线后普通用户付费情况的变化，发现：

- 中 R 中，8% 上升为大 R（含超级大 R）；
- 普通用户中，5% 上升为付费用户，1.3% 上升为中 R，还有 0.92% 上升到大 R（含超级大 R）。

引入亲密关系对大 R 以上用户的影响更大，在 PVP 赛事（玩家之间的对战）、BOSS 争夺战、国战、野外战争等场景中产生的付费意愿更强，如 PVP 赛事举办期，付费意愿同比提升 20% 以上。运营团队将不同群体在亲密关系中的关键数据纳入一张表格（见表 2-2）以对比观察。

表 2-2

	用户类型	付费率（%）	30 天留存率（%）	贡献比率（%）
周数据	超级大 R	90	89	60
	普通用户	4.30	48	9
月数据	超级大 R	95	97	65
	普通用户	7.06	61	7

显然，亲密关系为用户持续活跃、提升新用户获取速度和获取能力、增强付费意愿等方面都提供了非常大的帮助，在上述周数据和月数据中都非常明显。越是面对超级用户群，留存、付费提升、扩散和召回效果越显著。亲密关系协助了这款 15 年的老游戏完成了从电脑端向移动端的迁移。

国内运用亲密关系同样纯熟的网络游戏还有网易旗下的《大

话西游》《梦幻西游》等，我也曾求助于网易创始人丁磊，得以和这家公司的游戏部门面对面沟通。他们告诉我，网易游戏的用户留存一直稳定在较高比率（当时我记录下的数字是75%~80%），这得益于运用师徒、同袍、夫妻等亲密关系，并在策划游戏之初就将其作为基础存在。如果仅仅观察网易游戏本身，无法明确亲密关系对产品形成的影响。而《征途》对用户关系的不断调整和引入，恰恰让我们看到了其中的变化。

众筹一个酒店：Himama 的人群分析

2018年春节前夕，我去参加一个女性社群的年底活动。在200多位女性成员参与的晚宴现场，作为罕见的外部男性嘉宾之一（另一位是联合主持人），整个下午我一直努力缩在角落，让自己看起来更像一个工作人员。其实，我根本不是受邀前往，而是自己主动提出前去观摩。

这个女性社群叫"Himama"，由北京市顺义区的一些妈妈组成，即使用最松散的方式计算（如将所有微信群内人数都算上），也才1 200人左右，这是今天大部分用户常见的社群形态。发起人此前邀我讨论社群如何发展，顺便有了此次年会之行。

和大部分企业晚宴流程相似，这次活动设计有走红毯和签到拍照环节，成员们准备了各种美食、精彩的节目和丰富的奖品。晚宴看起来还有些忙乱，直到活动开始前一刻，部分节目没来得及彩排就要轮候上场。但这并不影响现场气氛，没人关心节目表演专业与否，成员只在意自己有没有参与，在走秀环节甚至大部分成员都上台参与。等活动进行到一半，主持人干脆抛开原定流程，直接带领大家摇起了红包。因为社群并不大，大部分成员相互认识，现场其乐融融，当晚几乎每位参与者都在微信朋友圈用大量的图片和文字表达了愉快的心情。

年底聚会本就是由社群成员自发组织，包括每个节目、每项礼品赞助、每个现场服务角色，都是由社群成员负责。这次活动甚至还获得了几大品牌提供的现金支持——超 12 万元，正好涵盖从酒店场地到搭建、餐饮等费用。

晚宴结束后的一天，我和 Himama 的组织者荣荣再度坐在一起，继续讨论社群跃迁和商业化这个话题。这个社群暂时还没有商业化，因此在做各种前期探讨。如今，社群早已成为用户在社交媒体中的常见生活形态，并且母婴、女性社群一直是商业化最迅速、最活跃的领域，商业化也是评判社群跃迁、成长的重要指标。过去数年，在社交电商、私域电商、社区团购等创业领域，"三妈"（辣妈、宝妈、大妈）群体是孕育这些市场和项目最肥沃的用户土壤，撑起了多个明星级项目。

荣荣提供了一张 2017 年 Himama 社群大部分社群团购和商业活动流水粗略统计表（见表 2–3），其中记录的各种团购与商业活动都出于自发（社群暂时没有运营团队，都是成员义务兼任，就像年底聚会那样）。另外，表格统计非常粗略，部分活动可能被遗漏。原始表格中还有详细品牌名称，为了便于阅读，我做了简化处理。

表 2-3

	品牌	参与人次	单价/均价（元）	总金额（元）
正常项	A	130	1 904	247 520
	B	52	4 800	249 600
	C	110	1 680	184 800
	D	192	400	76 800
	E	360	260	93 600
	F	121	60	7 260
	G	120	60	7 200
大事件	年底晚宴	200		120 000
	众筹	20		9 400 000
总计		1305		10 386 780

有意思的是，这张表格一统计完成，就已经为这个社群的日常运营、商业化可能、跃迁壮大等指明了方向，也为许多小型社群提供了明确的借鉴。

表格中"正常项"是社群成员日常发起的大型团购，被统计在册的有 7 次，参与成员人均支出约 799 元。实际开展的团购或商业活动要超过这个数字，只是因为当时没有记录或因金额太少而被遗漏。

Himama 的组建遵循"三近一反"原则，1 200 位妈妈大多是附近几个小区的邻居——地域相近，方便成员们组织下午茶、聚会聊天或者孩子们放学后相约在小区周围玩耍，而且每家孩子的年龄相差不多，妈妈们对子女教育的看法和对消费品牌的认知不会相差太远。

回溯一年来社群的发展，荣荣首先惊讶于大型团购的频繁发起，多是因为某个成员经过自己的选择和使用，在社群内推荐，吸引了更多成员购买。1085 人次参与，表明大部分用户其实无须"运营"，有这类好友们在，需求能被自然解决，这就是活跃的根本。

再看为社群带来了 952 万元的大事件，第一个是刚提及的年底晚宴，虽然 12 万元的流水不多，但对一个小型社群来说十分难得。要知道，从群内大家发起聚会倡议到最终举办只用了一周多的时间。除搭建所需的专业服务公司外，其余工作都由社群成员自己负责。此外，还有 80% 左右的参与者专门购置了晚礼服，其间妈妈们居然还有余力找来赞助。

第二个是一个众筹项目，一夜之间筹得 940 万元。社群内，亲子教育方面的内容是妈妈们讨论最多的，例如，休息日可以去哪里玩？如果不去兴趣班，能在哪里亲近大自然？直到有一天，荣荣和另一位核心成员提出创建一个亲子酒店，一下子获得了大家的支持，众筹就是在这个基础上发起的。

2017 年 11 月 28 日，亲子酒店项目正式在一家众筹网站上线，社群的妈妈们闻讯而来，仅一个小时就筹集了 300 万元，一晚过后，众筹金额达到 940 万元。

在众筹金额上，我们也能看到群体差异：

- 第一批付费的社群成员多选择最高档 15 万元的选项，还有些妈妈询问能否开通更高金额档（如设置 50 万元或 80 万元一档），这些妈妈是平时参与讨论和互动、线下见面次数多的成员，关系也最紧密；
- 后续被吸引进入众筹项目的用户，60% 以上选择了最低档 3 万元的选项，她们有些是被群内众筹氛围影响，有些则是单纯被项目吸引，相对来说信任感没有那么强。

用户依据不一样的信任度给出了不一样的金额。其中，关系亲密、相互之间强互动、强信任的妈妈们愿意或实际给出了普通人群 5~10 倍的众筹金额。社群成员平时越亲密、越信任，响应越及时，并且给予了最高信任度，甚至希望认筹更高金额。

显然，**更亲密和信任度更高的关系会催生更大的大事件和高付费的超级用户**，社群如果能够聚焦在推进成员关系的亲密度上，会挖掘出惊人的收入潜力。

2018 年结束后，荣荣再度分享当年收入流水表格（见表 2-4）给我。这一年，日常团购继续增加，重大项目略有减少，不变的是超级用户依然贡献了绝大部分流水。

表 2-4

	品牌	参与人次	单价/均价（元）	总金额（元）
正常项	A	122	60	7 320
	B	19	3 200	60 800
	C	8	500	4 000
	D	7	1 800	12 600
	E	10	2 000	20 000
	F	55	158	8 690
	G	750	1 500	1 125 000
大事件	舞会	160	800	128 000
	年会	120	1 200	144 000
	众筹	76	66 000	5 016 000
总计				6 526 410

　　在这些案例中，我们看到，超级用户群的背后是亲密关系。不论是企业和品牌引入用户已有的亲密关系，还是协助用户在自己的产品中和其他用户形成亲密关系，或者品牌直接和用户形成亲密关系，都会产生积极的结果。

03
私域浪潮

无论是腾讯研究报告还是邓巴教授的发现,都指向一点:用户的时间和分享开始流向最亲密的 15 位好友。在社交网络中,现在的关键是社群,未来一步却是亲密关系。

腾讯报告：用户分享的去向变化

2019年年底，腾讯旗下企鹅智库发布《2019—2020内容产业趋势报告》，对比分析了2018—2019年用户分享行为的变化（见图3-1）：用户分享到微信群的比例从33.7%上涨到53.5%；分享到微信朋友圈的比例从53.9%上涨到62%；分享给微信好友的比例从47.0%微涨至47.1%，几乎没有变化。

当用户需要做出决策，如决定是否下载某一App、购买某一商品，朋友、同事推荐和家人、亲戚推荐占据了前三大影响因素中的两个，共计68.8%。超过应用商店推荐和看广告知道，甚至手机软件预装（见图3-2）。

● 2018 年　● 2019 年

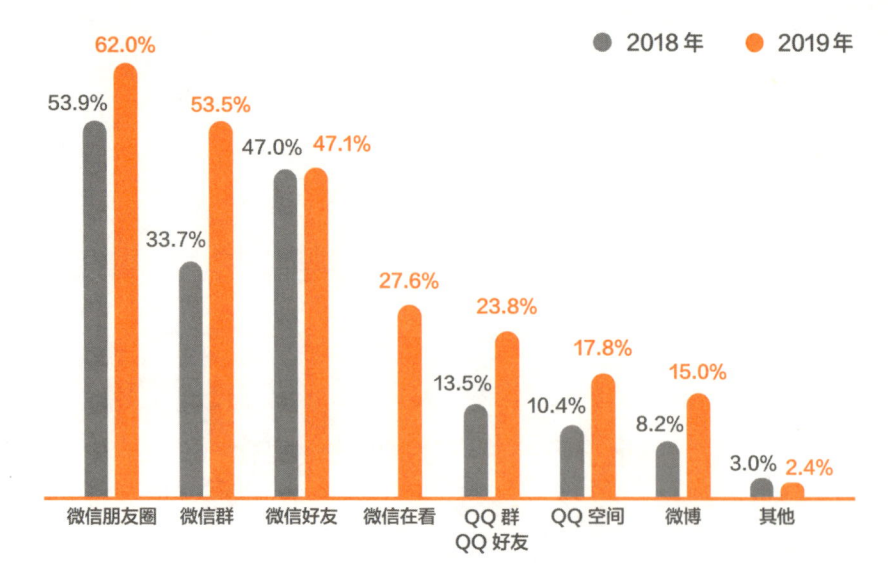

渠道	2018 年	2019 年
微信朋友圈	53.9%	62.0%
微信群	33.7%	53.5%
微信好友	47.0%	47.1%
微信在看	—	27.6%
QQ 群 QQ 好友	13.5%	23.8%
QQ 空间	10.4%	17.8%
微博	8.2%	15.0%
其他	3.0%	2.4%

图 3-1　你通常会将好的资讯内容分享到哪里

数据来源：企鹅智库·企鹅调研（2019.10）。

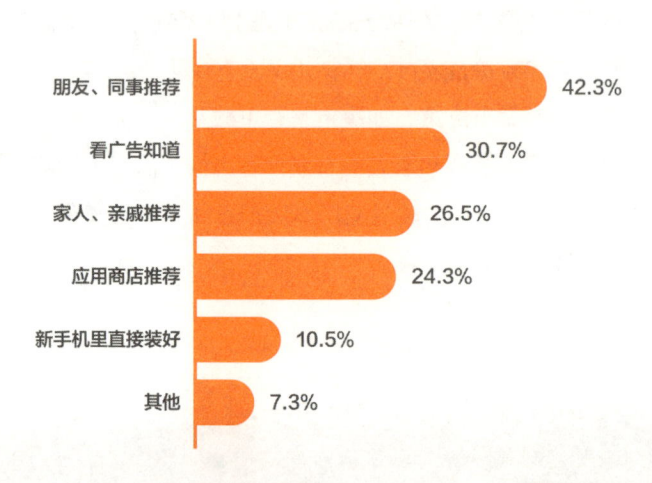

渠道	比例
朋友、同事推荐	42.3%
看广告知道	30.7%
家人、亲戚推荐	26.5%
应用商店推荐	24.3%
新手机里直接装好	10.5%
其他	7.3%

图 3-2　2019 年新安装的高频使用应用（前五），你从哪些渠道了解的

数据来源：企鹅智库·企鹅调研（2019.10）。

报告中分析了一个典型的超级用户，如图 3-3 所示，被模拟为普通但热情的刘大妈，拥有快速且高信任度地影响一小圈熟人的能力。报告直接指出，"这种能力会让内容在新红利市场取得'微中心化'的传播效果"，并经过更多超级用户跳跃传递，最终覆盖更大的市场。

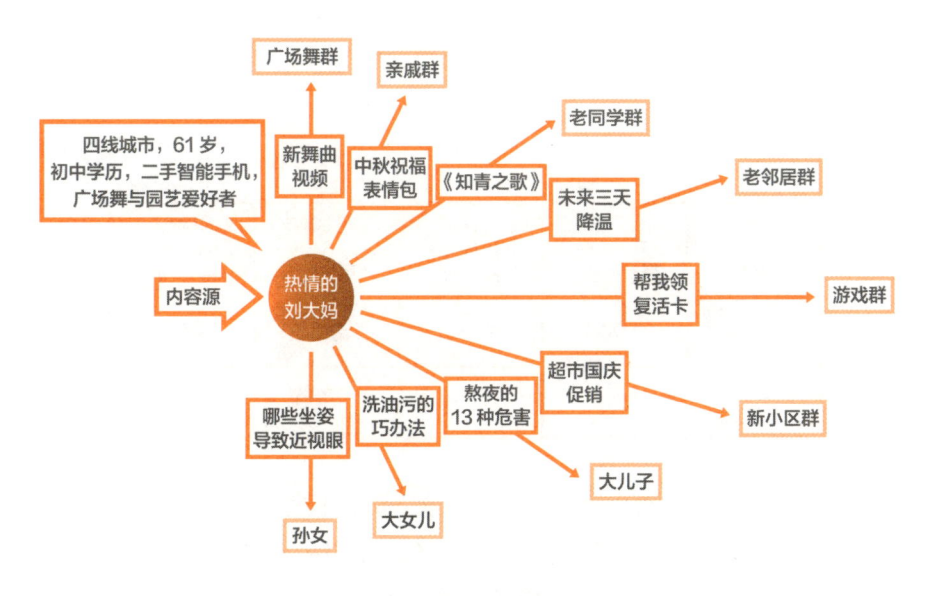

图 3-3 普通但热情的刘大妈

这份报告几乎再次明确了用户分享行为和决策方式的变化。在社交网络中，分享数量和用户分享意愿几乎等同于流量多少。任何细微变化都意味着海量流量发生巨变，如社群时代开启就和"用户分享更多信息到更多群中"这个转变有关。

我在日常工作中也习惯长期追踪和观察用户分享行为的变化，从《社交红利》《即时引爆》到《小群效应》，再到本书，我一直持续不断地提及当时社交网络的分享数据。

2022 年 3 月，我系统地对比了见实科技连续四年间（2019—2022 年）同一时期的用户分享量（见表 3-1）。见实是我于 2018 年创办的自媒体团队，初衷是关注社交网络新浪潮、业界如何通过社交网络实现商业增长。现阶段，我们将目光和注意力都放在"私域流量"这波浪潮中，为此一直在梳理对应的方法论。

表 3-1

时间	2019年2月6日—3月7日	2020年2月6日—3月7日	2021年2月6日—3月7日	2022年2月6日—3月7日
见实公众号分享量	11 044	12 663	15 253	21 418
每日平均分享量	368	422	508	713

从表 3-1 能看出实际的分享量在上涨，不过，如果考虑每年粉丝数量的快速增长，会发现分享量的提升就不是那么明显了，甚至在人均数据上反而有所下降。

我一度担心是不是个案，为此特别求助一家处在微信公众号头部区域的自媒体集团，请他们帮忙查看他们的分享数据。这家自媒体集团有 1.56 亿粉丝，旗下有 7 种关注不同领域的账号，粉丝男女比例和年龄分布都很均衡。每天，这些粉丝的文章分享量在 11 万左右，每个分享动作平均带来 4.63 次阅读。每天总阅读量为726万次左右。不过，这个集团只对比了2018年和2019年两年的分享数据，他们看到2019年用户分享量只有上一年的66%。

用户似乎越来越不爱分享。

用户分享的变化可以归结为两个现象：一是分享疲倦，二是圈层陷阱。我们正越来越频繁地面临这两个现象。

分享疲倦是指用户还在，但分享意愿锐减，分享次数减少到可以忽略不计。用户正在从曾经的频繁分享变成担心分享会影响个人形象，担心无聊信息会骚扰到朋友，因此减少了分享次数。只有那些更符合第6章所阐述的"用户的投入产出比"特点的内容和活动，才会被用户更积极地分享。

圈层陷阱则是用户依然在分享，但分享带来的浏览和转化越来越低。仍以见实为例，2018年用户平均分享1次就能新增一两个粉丝，2019年10月变成了平均分享5.9次才能新增1个粉丝。另一个小游戏团队看到的数据类似：2018年4月，平均1位用户分享可以新增两三个用户；2019年4月，二三十位用户分享才可以新增1个用户。后续几年，这个数据我们甚至都懒于分析和计算了。

分享行为的变化越来越快，连带着用户决策这个关键行为也迅速调整。

腾讯营销洞察于2020年1月发布《2020中国"社交零售"白皮书》，其中提到：82%的用户在进入渠道前就已做好购买决策，77%的用户购买前后主动裂变，还有19%的用户忠诚复购。

这份白皮书揭示的是2019年的用户行为变迁。用户进入渠道前就已经做好购买决策，让去中心化推荐这件事情成为基础，并构成了此后数年私域流量中电商爆发的基础。

2021年4月，腾讯营销洞察在其发布的《2021中国私域营销白皮书》中更新了数据。这份关注和分析2020年用户行为变化的白皮书，反映了新冠肺炎疫情肆虐的一年中线下生活方式加速向线上迁移的情况：

- 79%的用户过去一年曾在私域消费；
- 购买后，70%的用户愿意私域复购，48%的用户至少每月购买1次；
- 80%的用户愿意在私域进行分享。

两年间，用户分享意愿不断增强，并伴随着转化率和复购率的同步提升。

作为一直关注社交生态的从业者，仅这些数据本身就足够令我惊讶。不过，没有对比，业界可能很难了解这组数据究竟意味着什么。2018年，我特别请阿拉丁公司首席执行官史文禄帮忙，对当年小程序的分享数据进行全量分析。阿拉丁指数是研究和分析小程序运营的数据平台，数据正好可以用来对比。

在结果中，我们可以看到不同行业的信息分享比率（见表3–2），其中内容资讯类小程序的分享率是2.60%，和上述见实公众号及自媒体集团的分享率相当。而网络购物类的分享率低到了0.68%，也就是说1 000人在小程序上购物后，平均只有6.8人分享出去。

表 3-2

主要行业	分享率（%）	分享回流比	分享新增率（%）
游戏	13.85	10.00	0.81
社交	14.39	8.08	1.17
网络购物	0.68	1.70	0.30
线下零售	1.15	3.76	1.11
工具	7.84	33.16	2.68
生活服务	0.66	3.41	1.55
图片摄影	6.28	2.02	0.76
内容资讯	2.60	6.91	2.14
教育	13.71	3.58	1.45

腾讯正是将小程序归属于私域流量范畴（小程序是私域转化的三大落地场景之一）。一边是 2018 年电商领域正常分享率平均只有 0.68%，另一边是《2021 中国私域营销白皮书》中所记录的高达 80% 的分享率。除去取样人群和平台差异、时间差异，巨大的数据差别或许就在回答一个关键的问题："分享这个关键行为发生了什么变化？"

15 位亲友占据用户 60% 的时间

牛津大学人类学家罗宾·邓巴的发现很好地解答了分享的去向为什么发生了剧烈变化，以及由此引发了什么市场变革。邓巴教授就是那个社交媒体从业者经常提到的"150人定律"的提出者,他看到了越是亲密的圈子,用户活跃频次越高。

"5个人的核心小圈子,至少每周(联系)一次;15人的小团体,至少每月一次;而50人的关系圈,至少一年要联系一次。这也与我们对亲密度的感知一致:5人核心小圈子的关系最为紧密,外围一点儿的15人小团体则稍显疏远,对于更外围的圈子(如50~150人的圈子),亲密程度会持续下降。"

活跃度会高到什么频次?邓巴教授在调研中看到,今天用户全部社交时间的40%都给了最亲密的5个人,如果再加上略微亲密的10个人,也就是15位好友,会占据用户60%的时间。日常发出的信息(短信),85%给最亲密的两个人。

在翻看这组数据时,我脑海里也冒出了腾讯旗下手机游戏《王者荣耀》中提到的一个相似的数据。游戏运营团队曾在一个赛季中推出答题活动,其中一个问题是:"每个人最多可以同时拥有多少个亲密好友?"

正确答案是16个。

游戏问题的背景应该是问用户在《王者荣耀》中可以缔结、形成的亲密好友数。通常我们说网络游戏就是社交媒体的一种,有趣的是,腾讯拥有无数社交关系大数据,在这个大基础上设置小问题得到的答案和邓巴教授靠社会学研究数据得出的结论极其相似。

因此,邓巴教授在他所著的《社群的进化》一书中明确提到,社群核心是亲戚,而不是朋友。

换句话讲,社群运营的未来就是形成更亲密的关系。

腾讯历年的白皮书、调研报告所折射的用户分享行为的变化,以及邓巴教授的研究发现，都可以用这样一句话来表达：社交网络运营的关键是社群，社群的重点是小群，小群的下一步是亲密关系。

用户购买决策受好友影响

分享去向的变化直接导致了决策方式的变化。前文提及朋友、同事推荐和家人、亲戚推荐已经占据影响用户安装 App 决策的前三大因素中的两个，而 82% 的用户在进入渠道前就已做好购买决策。其实，商业世界的变化比想象中的更早、更大。

国内一家大型电商网站曾做过一项"好友对用户购买决策的影响"测试（随着 2021 年 11 月起实施《个人信息保护法》，类似测试可能越来越罕见）。在该网站，仅手机品类一项，每天有超过 300 万用户搜索、访问，每个用户至少访问 10 个页面。但这些浏览行为并没有直接带来实际销售转化，每天仅有 5% 的用户会实际购买。如果仅看每天 3 000 万的浏览总量和购买转化的比率，这个数据还会下降到 0.5%。

平均数据显示，浏览行为和订单转化的比率为 2.5%，即 100 位查看了商品详情页的用户中会有 2.5 人下单购买，部分品类的该数据还会提升到 15～25 人。

为什么具体到手机产品，订单转化率就会这么低？这让产品经理们有些不理解。继续分析数据，产品经理们还看到另一个现象：用户会在 5 天内持续访问、浏览这些手机产品的详情页信息。

种种相关现象和结论暗示出用户决策过程中的纠结。用户在判定是否需要购买某件产品时,不知道如何决策,犹豫再三,这一判断体现在了大量的搜索和浏览行为上。

在沟通这件事情时,恰巧我要更换旧手机,有一位同事拿着他的手机告诉我"这机型好使",我就直接选择了下单。此前,我和团队还做了部分社交电商用户访问,迄今仍清晰地记得其中一个回答,有时我觉得这就是今天行业变革的最佳解释:"**我看着这个商品简介,不知道它是否适合我。**"

当用户的信息获取和购买决策不再受平台和媒体推荐的左右,而是受朋友们的影响时,产品经理们就开始构想,如何从用户信息获取和用户决策影响这两个方面去解决问题。就目前场景而言,从用户决策影响更好入手。产品经理们猜测:手机这种需要在聊天、聚会时摆放在桌面上的硬件产品,用户是不是更愿意和好友趋同?

他们因此构建了一个灰度测试圈:在参与测试的用户搜索、浏览部分手机品牌时,系统会主动询问用户是否愿意看看好友们买过什么手机。

测试中,产品经理们小心翼翼地控制隐私,每步都需要用户主动点击和确定参与,并且所见数据都仅限于百分比,例如"你的好友中 30% 都在用 ×× 手机"。很快他们就看到了变化:引入好友相关决策信息后,用户的购买比率提升为 23%,是之前的 4.6 倍。同时,用户购买决策由 5 天缩短至 1 天,并且越小众的品牌,表现越突出。

是的,好友的购买决策有助于用户快速决策,并且品牌越小众,来自好友的推荐对用户决策的影响越大。

所有商品都这样吗？至少从测试来看，高价低频、略高决策成本、需要经常被展示的商品更符合"用户购买决策受到好友的直接影响，并且82%的用户在进入渠道前就已做好购买决策"等结论。使用手机最常见的场景就是大家聊天时将它放在桌上，言谈间无形中推荐和展现都会形成"社交同步"现象：你买我也买，你用我也用。

私域流量的本质是亲密关系

2020年新冠肺炎大流行期间，《中国消费者报》在其公众号上发表了一篇投诉文章，里面讲述了这样一个案例：疫情暴发早期，口罩极度紧缺，一家名为"海豚家"的社交电商公司在App上销售口罩引来大量用户下载，一度冲上同类App下载榜单第二。结果该公司因供货商无法正常供货而强制退款，致使上万用户投诉。这里倒不是要说投诉案例，而是文中提及一个用户的下载轨迹：一位消费者因为婶婶推荐，下载了这家电商App并付费成为会员，而这位婶婶是因为同事将链接推送到了公司群、同行群，带动了许多同事、同行下载。

它解释了新浪潮"私域流量"崛起的原因。新浪潮在海外市场同步涌动，只是被称为直接面对消费者的营销模式（DTC）。

2018年"私域流量"被纳入行业讨论词范围，到2019年下半年已发展为行业最受关注的热词。通常人们定义这个词时会说，相比搜索引擎、新闻媒体、电商网站这些由平台编辑、算法主导的平台（业界称之为"公域"），私域流量是企业可以自己掌握、反复触达、持续影响的用户群体。

腾讯对私域则有不同的理解，其在2022年年初发布的数据显示，已有1 000万家企业通过企业微信连接各自的用户。腾讯旗下的微信和企业微信、腾讯智慧零售、腾讯广告早已成为私域基础平台。在财报中，腾讯将私域定义为"品牌和用户之间长远而忠诚的关系"。

不论怎么定义，早期大部分私域流量所用的策略都很类似：将用户添加为微信或企业微信好友，以便每天通过朋友圈、客户群，乃至一对一发布信息来提供服务。例如，一个小团队给商业用户提供预订酒店和机票的服务，比如用户想预定北京天坛附近的酒店，团队会在微信上列出符合要求的清单并一对一推荐，价格和携程平台一致，特别之处在于帮用户争取免费早餐券、任性延时退房券等权益，也没有手续费、退票费等烦忧，用户复购行为达到80%。另一个小团队做奢侈品养护，在微信上仔细将养护前后的对比图发给用户，优质服务曾吸引一位客户转推荐了上百个新客户。

早期，大批淘宝卖家就是采用将买家添加到微信进行私域运营的策略，他们在那时就已经发现，私域可带来70%~80%的订单和流水。

2019年11月，我们邀请了许多创业者、投资人在北京组织了私域流量大会（这是当时业界第一个私域行业大会，见实也自此直接聚焦于私域领域）。当时，天使湾创投首席执行官庞小伟提到，私域流量是个人服务提供商一对一地提供深度优质、个性化的服务。

对小团队来说，人手一部或数部手机即可提供服务，依靠为用户提供一对一的重度服务，在私域崛起的早期甚至能建立起5 000万~2亿元规模的业务。

拥有几百万甚至几千万用户的大型企业则很难这么做，因为设备及账号、品牌管理、内容服务和活动设计、销售管理、售后服务等一系列关键环节都需要更庞大的系统支撑，他们显然更关心会员管理、围绕提升用户复购和用户生命周期的运营等事项。

描述这个过程其实是简略且快速回顾私域发展的过程，以及揭示不同层级企业对私域需求的差别，从表象看，如图3-4所示。

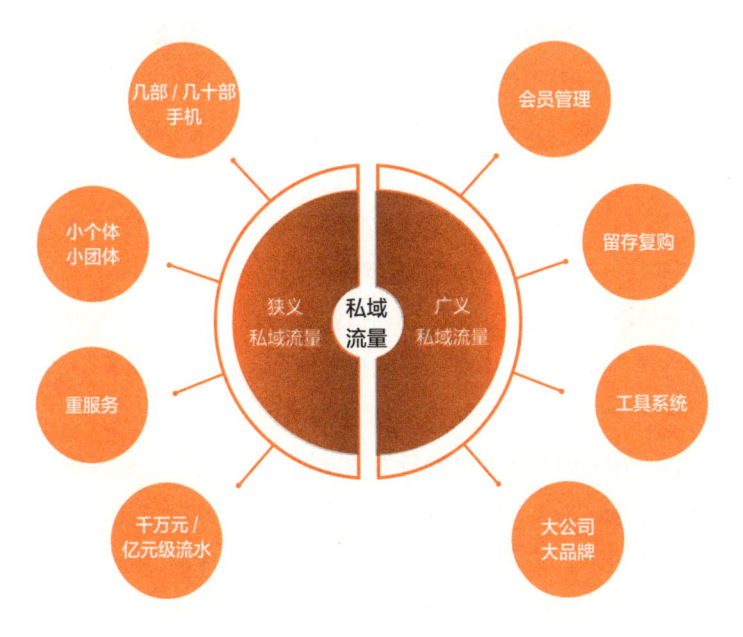

图3-4 私域流量

但这种划分依然无助于了解私域流量，无助于了解亲密关系所推动的新市场。在私域流量中，超级用户是最基础、最核心的现象。仅以狭义私域流量和广义私域流量划分，还不足以理解超级用户现象。

切回到关系的维度，这些问题便豁然开朗。腾讯定义私域是"品牌和用户之间长远而忠诚的关系"。我则一直将私域流量定义为"在一对多之间模拟、形成、增强一对一的亲密关系"。

一对一的亲密关系是在两个人或用户和品牌之间模拟形成某种亲密关系。一对多，顾名思义，是让几十万、上百万乃至更多的用户和品牌模拟形成亲密关系。企业和品牌就是那个"一"，几十万、上百万用户是那个"多"。在一对多之间模拟一对一的亲密关系，意思是让每个用户都和企业建立长远而忠诚的亲密关系。

团队往一对一方向前进就成为狭义私域流量，往一对多方向前进则成就广义私域流量。不论哪个方向，都是对亲密关系的不同理解和运用，或者说是企业如何经营用户关系。这也是我在近年来业界演讲和分享中总是强调这句话的原因：亲密关系会释放新一轮社交红利，私域流量是第一波浪潮。

因为用户的分享和推荐行为越发集中于自己的亲密关系（即最亲近的15个人），购买决策也受到这个小圈子的直接推荐影响。品牌只有进入用户最亲密的15个人的范畴，才能在新商业浪潮中站稳脚跟，而这也是新商业浪潮的开始。

至于新浪潮叫什么，根本不重要，或许是私域、DTC，或许是其他什么新名词，但亲密关系一定是新商业的基础。它表面上为品牌和企业带来了具备典型"四高"特征的超级用户，实际上，背后是全新的流量规则、产品设计和交付方式，甚至大家已经习以为常的组织结构和企业管理也在发生变化。

04
新增长飞轮

三种亲密关系不仅帮助我们理解和抓住未来的关键,还在过去两大社交引爆模型和"裂变六字"的基础上再度孕育出新增长飞轮。

人们的密友数量更少了

社交媒体这么发达，人们的密友数量多了，还是少了？某一天，我心里冒出了这个问题。

《社交天性》一书中有一小节直接叫"凄凉的人生景象"，里面提到一个调查问卷：1985年在美国开展的一次关于密友数量的调查中，59%的受访者回答密友数量在3个以上，10%的受访者回答是0；2004年，认为自己有3个以上密友的受访者比例降到37%，回答是0的受访者比例则上升到了25%。

"这是何等凄凉的景象：走在街上的行人中，每四个人中就有一个是孤零零的。"作者在书中这样忧虑地写道。看完这一段，我在想是不是我们的情况也类似，于是在朋友圈中开展了一个小调查。我这样询问：过去半年中，能讨论具有重要意义的事项、深夜值得面对面痛哭和倾吐心事、交托秘密的密友，你有几个？有62位朋友参与了这个小调查，结果见表4–1。

5人（8%）认为自己没有密友，34人（55%）有1~3个密友，

表 4-1

密友数	选择这一选项的人数
0	5
1~3 人	34
4~6 人	21
超过 6 人	2

和前文提及的美国的调研结果（59%）相当，然后是密友稍微多些（超过 4 个密友）的 23 人。当然，这个数据没有不同时间对比，覆盖范围也很小，不具备多少说服力，只是印证了"知己难求"那句话而已。

难求也总要求，人们对亲密关系的需求在工作和生活中无法填补时，某种程度上才将亲密关系投射到不同的品牌和产品上。用户进入亲密关系已成趋势，和用户形成亲密关系也能帮助品牌穿越不同商业周期。

运用亲密关系的三大方式

在不同案例中，可以看到品牌用三种亲密关系推动普通用户成为超级用户。

第一种是直接运用和引入用户现有的亲密关系。

在下文中会提到掌通家园和言小咖的案例。掌通看到了对幼儿的关心会使平均 3.68 个长辈通过远程视频实时关注幼儿在幼儿园的情况,付费的家长平均每天登录 17 次,平均每次使用 2.5 分钟(每天累计活跃 42.5 分钟)。在言小咖,父母对孩子的爱使他们对记录孩子成长的视频没有抵抗力,会主动将这些视频扩散给身边大约 150 位亲友。

从 2017 年下半年开始,以女性、少年、老年人、下沉市场等群体和区域为代表的小程序创业项目不断涌现,到现在,小程序成为私域三大落地转化场景之一。根据数据推测可知,2021 年小程序电商的流水规模已经达到 3.2 万亿元。其中女性推动了无数社交电商项目爆发,围绕老年人提供服务和娱乐的小程序也几乎占据了小程序市场头部区域。究其原因,可见这些群体的关系链多以亲密的小圈子为主。

以当时一款名为"黑咔相机"的小程序为例,2018 年春节前后,黑咔在小程序产品功能上提供类似"天空玩法"功能,即用户拍摄包含天空的照片,小程序可以自动帮助用户将天空部分变得五彩缤纷,如出现气球、烟花、彩色且写意的云朵。爱摄影的老年人习惯将照片做成电子明信片发给好友,这个新玩法正好帮助老年用户提升了明信片的趣味性,而且小程序不用下载、使用简便。在亲密小圈子的帮助下,这些明信片从上海一个小圈子分享开始,迅速扩散覆盖全市,又最终成为头部产品,半年内收获了 1.2 亿用户。

腾讯此前分享过一个数据:绝大部分用户的 QQ 和微信好友数在 100 以内,甚至不及邓巴数 150 人的规模。2019 年下半年,腾讯广告发布了一份以小镇青年为分析对象的报告,其中写道:

近70%的小镇青年与父母、子女同住,亲情常伴,邻里友好,更习惯通过朋友圈获取信息(17%)或在微商平台购物(13%);在下沉市场中,用户好友数少且以周边亲密小圈子为主。

可以说,从催生出社交电商几大不同轮次的新机会到小程序的爆发,都和这些群体的特点紧密相关:女性、少年、老年人、下沉市场等群体和区域市场更易于用好用户的"亲密关系"。

第二种是在自己的产品中推动用户之间形成和增强亲密关系。

我们在前文中看到,华为"花粉"年会吸引粉丝聚到一起,他们的大部分诉求是见见其他小伙伴,或同城很熟但很少见面的朋友。在Himama社群中,地域相近(邻居)带来的更多互动让大事件的孵化变得更轻松,也让这个群体愿意支付更高金额的费用。

推动用户之间形成亲密关系,对于用户活跃和留存、超级用户的出现有巨大的帮助。

这里再介绍一个案例。小米平台上曾有一款《枪神》游戏,其中引入了由玩家们婚恋形成的亲密关系,我找到游戏团队请求他们帮忙分析一下亲密关系给玩家活跃、付费等关键行为带来的变化。《枪神》团队很痛快地答应了请求,他们调出2017年4月其中一个渠道24万名活跃用户的数据,参与婚恋的玩家人数为4.1万,占全部活跃玩家的17%。婚恋分为"恋爱、结婚、分手、离婚"四种状态,为了便于观察,《枪神》团队仅选取了2017年4月在游戏中处于恋爱状态的4 169名玩家进行分析。如果仅看结果,在游戏中恋爱对用户付费没有太大影响。例如在游戏中50%的恋爱玩家的付费额提升,47%的付费额反而下降,3%的消费保持不变。

将用户区分为小R、中R、大R和巨R（大R和巨R就是我们常说的人民币玩家，即超级用户）后，数据立刻反映出不一样的结果（见图4–1），亲密关系对拉升用户进入中R、大R和巨R等级的效果显著。说明付费用户更在意游戏中的恋爱系统，愿意和玩家建立新的亲密关系。

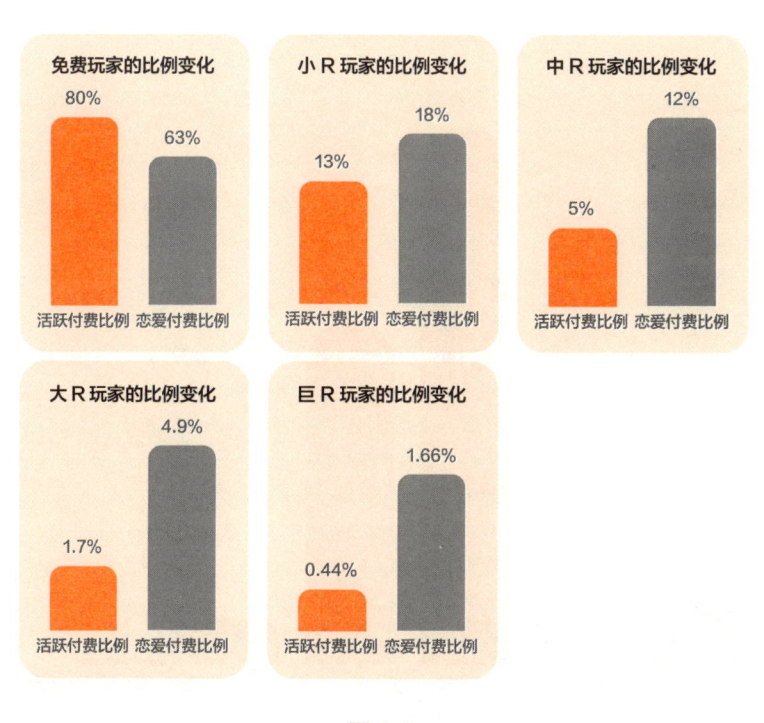

免费玩家的比例变化
- 活跃付费比例：80%
- 恋爱付费比例：63%

小R玩家的比例变化
- 活跃付费比例：13%
- 恋爱付费比例：18%

中R玩家的比例变化
- 活跃付费比例：5%
- 恋爱付费比例：12%

大R玩家的比例变化
- 活跃付费比例：1.7%
- 恋爱付费比例：4.9%

巨R玩家的比例变化
- 活跃付费比例：0.44%
- 恋爱付费比例：1.66%

图4–1

注：活跃付费比例的统计时间为2017年4月13日；恋爱付费比例的统计时间为2017年4月；由于四舍五入和统计需要，各数据之和可能不等于100%。

《枪神》团队再次详细对比了在游戏中恋爱前后玩家的活跃度变化（见图 4–2、图 4–3 和表 4–2）：恋爱前玩家平均每月活跃天数为 11.90 天，恋爱后玩家平均活跃天数为 15.58 天，活跃天数平均增加 3.68 天，大部分玩家在游戏中处于恋爱状态后的活跃天数会增加，参与游戏场次也显著提升。

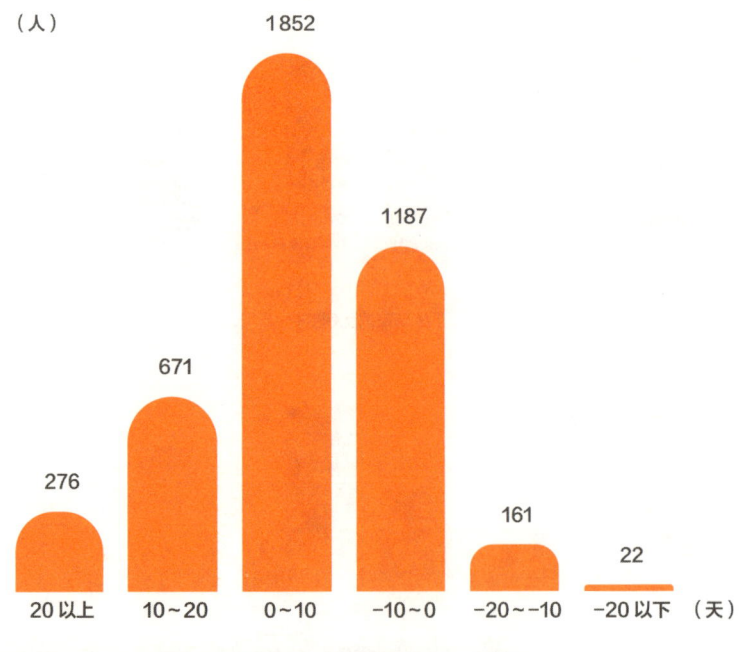

图 4–2　活跃天数变化情况

注：统计区间为玩家恋爱前后 30 天，统计时间为 2017 年 4 月；统计的基本单位为天，同一天登录两次及以上记为一次。

表 4-2 活跃天数变化描述统计

均值	3.68
中位数	2
众数	0
标准差	9
峰度	0.46
偏度	0.36
最小值	−28
最大值	31
观测数	4 169

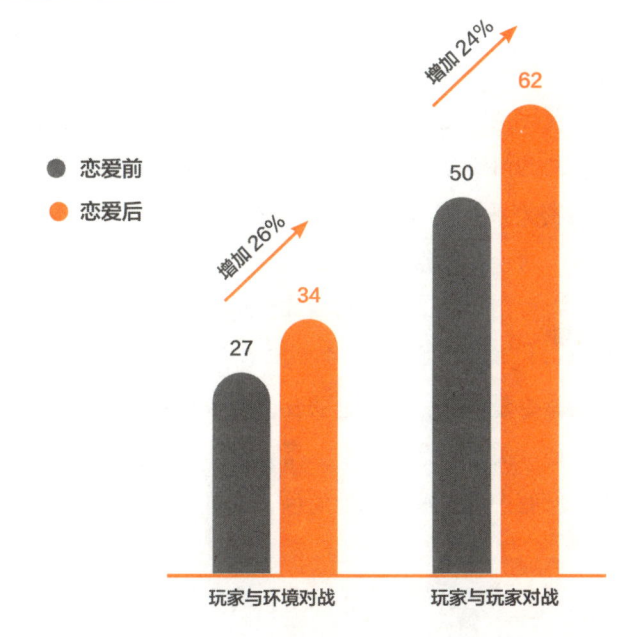

图 4-3 恋爱前后玩家的游戏模式平均场次变化

注：游戏模式还包括聊天休闲，由于数量太少并不予以考虑。

用好和推动用户之间形成亲密关系并没有好坏强弱之分，有的只是品牌根据不同情况进行结合。而且，许多企业在实际运用中并不是仅仅采用其中一种，多是综合运用。仍以《征途》为例，既有好友们一起进入游戏组队，也有玩家在游戏中经过长时间的配合从而成为"兄弟"，以至于当游戏大量引入亲密关系后，许多玩家不惜飞赴外地，当面邀请好友加入。

第三种是在品牌和用户间模拟形成不同维度的亲密关系。

在华为手机和百度贴吧的调研中，我们都看到了一种情形：用户认为自己和品牌之间是家人的关系，甚至有的用户认为自己为对方背负某种责任。

需要提及的是，运用亲密关系的三种方式中，驱动力和爆发力最强劲的恰恰是第三种，也就是品牌和用户形成亲密关系。而这种亲密关系，我常用一句拗口的话来形容："在一对多之间模拟形成一对一的亲密关系。"

让每位用户都认可他与品牌之间是非常亲密的关系。品牌和用户可以模拟形成的关系种类其实早有答案，如邓巴教授所言，社群的核心是亲戚，而不是朋友，因为现实生活中人们总是在努力模拟血缘关系、亲戚关系。反观自己就更容易理解了，我们每个人在家庭中都扮演着三个角色（见图4-4）：

　　一是长辈，我们或为人父母，或是叔叔阿姨……
　　二是平辈，我们有丈夫或妻子、兄弟姐妹……
　　三是晚辈，我们是子女、学生、子侄……

图 4-4　运营／运用亲密关系

　　这三种亲密关系是我们理解和抓住未来的关键，也是理解企业用户关系运营、私域流量或其他演进的根本。

　　如果企业（或品牌）想和用户模拟平辈之间的亲密关系，它就像是一个靠谱的兄弟——有什么事情交给我，你放心。因为平等，所以更追求信任。信任不可辜负。有信任在，用户甚至愿意无条件地提前将费用支付给企业，因此为企业留出了前置运营空间。一旦企业让用户在好友和圈子中丢掉信任分，或一旦信任崩塌，企业与用户之间的关系也就一去不复返。

　　这体现了平辈关系中一个非常显著的特点，即信任只能越来越强。例如，关系越好越要物美价廉：价格只能比别人低，不能比别人高；服务只能比别人好，不能比别人差。有一个案例非常具有代表性，我的朋友马玉国创办了一家面向老年人社区的公司，他和我讨论业务发展时提了一个问题：如果用户和品牌之间已经构建起信任，那么商品定价可以略高，还是必须更低？针对这个问题，他也曾在调研时问过用户，当时就被反问："我们关系这么好了，你还要挣我的钱？"

　　我将模拟平辈之间的亲密关系用一句话来概括："我很可信。"因为信任才有一切。

企业如果将自己置于晚辈的位置，在这种关系模拟下，用户投入量最为惊人。还记得我们在第 1 章提到的百度贴吧的调研数据吗？ 6%～12% 的粉丝愿意为自己支持的明星无上限付费，这个数据吓到了第一次看报告的我。现在再翻回去看，一想到身为父母的我们在子女的教育和生活上的投入，就能理解了。在这类亲密关系中，用户就像在呵护和养成一家企业（或品牌），愿意投入时间、金钱和资源陪着它一道成长。用户从一件产品粗糙的想法到半成品，全程参与测试、提出意见和建议，若听到他人批评，他甚至会毫不犹豫地维护说："你没见他多努力吗？"

我将模拟晚辈的亲密关系用"我很可爱"来概括，因为长辈乐见晚辈的成长。

企业还可以扮演父母和长辈的角色，当晚辈（用户）需要帮助时，长辈（企业）会毫不犹豫地伸出援手，生活中细心关爱晚辈，看过去的眼神满满都是爱。人们天然亲近于帮助自己的人，当有企业（或品牌）无微不至地关心和照顾自己时，用户会愿意迅速转化为它的超级用户。

我用这样一句话来形容模拟长辈的亲密关系："我很可亲。"

不同关系模拟对应不同阶段和特点的企业。通常，创办多时的大品牌、产品质量和服务过硬的传统企业多站在平辈和长辈的角度推进用户关系运营。初创公司多适合用户从一开始就投入时间和精力陪伴，共同成长，明显更适合走"我很可爱"的路线，模拟能让"用户视如己出"的晚辈角度的亲密关系，这种关系甚至会让企业获得"初创特权"，即使偶尔犯错，也会在用户的保驾护航下顺利过关。

"裂变六字"：拼、帮、砍、送、比、换

用户分享正在朝亲密关系倾斜，关系越亲密，扩散和转化越强。透过这些数据和案例，我们是不是可以认为新的社交网络增长模型也在孕育之中？我们先快速回顾一下过去几轮社交红利的驱动力，以便构建和理解今天的增长模型。

七麦数据统计了 2016—2018 年国内创业者在苹果应用商店（App Store）上提交新 App 数量的变化情况（见表 4-3）。三年间，新 App 提交数量不断下降，2017 年的新 App 提交数量只有 2016 年的 69%，2018 年则进一步减少到只有 2016 年的 43%。

表 4-3 2016—2018 年新 App 数量

年月	新 App 数量	年月	新 App 数量	年月	新 App 数量
2016-01	66 458	2017-01	89 756	2018-01	39 552
2016-02	55 241	2017-02	60 828	2018-02	34 361
2016-03	68 640	2017-03	68 955	2018-03	38 745
2016-04	76 071	2017-04	58 650	2018-04	35 653
2016-05	77 255	2017-05	60 030	2018-05	24 784
2016-06	81 041	2017-06	50 380	2018-06	32 134
2016-07	67 156	2017-07	42 539	2018-07	45 901
2016-08	6 599	2017-08	45 188	2018-08	34 113
2016-09	172 998	2017-09	38 997	2018-09	30 988
2016-10	85 843	2017-10	42 186	2018-10	29 034
2016-11	81 696	2017-11	38 655	2018-11	28 140
2016-12	85 585	2017-12	38 989	2018-12	28 140
2016 年总计	924 583	2017 年总计	635 153	2018 年总计	401 545

注：2018 年 12 月新 App 数量当时暂未统计出来，根据过去两年数据的规律，12 月新增与 11 月持平，因此取 11 月数据为 12 月的估值。

资料来源：七麦数据，见实制作。

明显的变化起始于2017年7月,上半年还与2016年同期齐平,一过7月,数量就陡然下降。正是这个月微信开始力推小程序,吸引了创业者的目光。

从某种角度看,小程序是协助创业者快速获取用户的有效方式。回顾2017年下半年至2019年年底的创业故事,都是短时间即获数以百万、千万乃至亿计的用户。如"忆年相册"4个月获得千万级用户;"魔幻变变变"3个月吸引超过2 000万用户;猫眼小程序3个月用户数过亿(2019年春节期间,这家公司在香港上市);拼多多借着小程序的风口快速获客,顺利在创办3年后上市,市值一度超过京东;"海盗来了"推出第2个月流水就过亿元,登上当时小游戏收入榜第一……类似的发展速度在那段时间是常态。

IDG资本合伙人连盟最早在2018年的一次行业大会上提到,和"连接""关系"相关联的某些动作正被微信加持,例如"拼"和"送"。这句话打开了一个观察窗口,回顾那些帮助企业快速增长的社交玩法,多可以被归纳为六个字:"拼""帮""砍""送""比""换"。

"拼"是拼单的意思,许多用户集体拼购以获得商家更优惠的折扣。有赞首席执行官白鸦曾连续几年发布这个动作的参考数据:2018年,有赞用户一共完成了2 525个拼团订单,实现流水12亿元。2020年,拼团流水也超过10亿元,可见"拼"的受欢迎程度。借助这个玩法,不仅拼多多快速崛起,社区团购这个细分赛道也因此受益。

"帮"是请好友帮助自己在产品购买中完成某项任务。比如,我在玩小游戏"超级店铺"时（它已经下线），如果想更快地获取虚拟金币，可以邀请好友来帮忙出任我的虚拟店铺"董事"；每年春节前后抢票时，一些抢票工具也会暗示用户，想要快速抢到票，可以请好友为自己助力加油。

"砍"是砍价的意思。和"拼""帮"很接近，也是用户最爱使用的玩法之一。白鸦就曾提及，2020年用户在有赞使用砍价功能的次数超过140亿次。而在拼多多兴起的那段时间，许多群中流传这样一个段子：一个男孩被分手后对女友放狠话，说等到再见面时一定让她高攀不起，没想到才过三天，男孩就在微信上找女孩说：亲，你在吗？能帮我砍一下拼多多吗？

有意思的是，"砍"这个动作在2022年为拼多多带来一波较大的质疑声，3月，一位名为"超级小桀"的主播在直播中邀请数万名网友直播参与"砍"一部手机都没有成功，这一事件被业界广为关注。虽然后来拼多多对此做出了解释，但质疑声并没有减弱。

"送"曾在瑞幸咖啡营销中被广泛运用，赠一得一（每成功邀请一位好友就可免费得一杯咖啡）、买三赠三或买五赠五（每买三杯或五杯咖啡就可免费再得三杯或五杯咖啡）等。在《小群效应》一书中，我们讨论过微信读书的增长故事，它也是充分利用赠一得一、买一赠一这样的玩法。2018年下半年快速崛起的小程序Trytry，两个月内吸引1 000万女性用户，也是以免费赠送化妆品试用装为主要营销手段。

"比"是炫耀、比较或比拼之意。排行榜现在几乎是大量产品和App的标配，也是腾讯旗下绝大部分产品的玩法标配，就是因为"人人想做小池塘里的大鱼"。从微信早期开始，人们就在朋友圈乐此不疲地进行各种比拼，而且小圈子的比拼和比较更令人心动。

"换"指相互交换。2018—2019 年小程序领域估值最高的团队是"享物说"——2018 年年底估值一度高达 40 亿元，它就是主打让用户之间交换二手闲置物品。

我们尽可能地简述这些增长故事和背后的增长玩法，是因为这个行业实在变化太快。在某种程度上，"裂变六字"是社交六大驱动力的组合简易用法。《小群效应》一书重点阐述了能实现巨大增长的六大驱动力，它们被归纳为三句话："事件驱动不如关系驱动，利益驱动不如荣誉驱动，兴趣驱动不如地域驱动。"例如，利益驱动和关系驱动结合，构成"拼""砍""送""换"，荣誉驱动浓缩为"比"，都是用户和好友之间某种互动的缩写。

10 年前的引爆故事

"裂变六字"是我们的现在（或者说，刚刚过去的昨夜）。这一幕和 2008 年年底、2009 年年初非常相似，当时开心网抢占社交媒体最大的风头，职场白领纷纷进入这个新平台，一度促使腾讯、新浪、搜狐、网易等网站推出或计划推出职场社交产品以做抗衡。那时微博正是内测阶段的新浪社交产品的子功能之一（后来很快独立出来，变成今天影响互联网的超级平台）。那么我带领大家回顾一下开心网当时有多凶猛。

它推出了一款名为"偷菜"的社交游戏。在那段时间，到朋友账号里去"偷菜"是许多用户最着迷的事情，甚至到了定闹钟深夜爬起来偷菜的程度。开心网相继还推出了"朋友买卖""抢车位"等社交小游戏，每次都会掀起用户新增和活跃的高潮。这个玩法借鉴自Facebook（脸谱网），后来腾讯QQ空间顺势推出"QQ农场"，引发了一波社交媒体覆盖更宽泛用户群的浪潮，就像现在微信借助小程序、小游戏覆盖了许多不使用App的老年用户一样。今天再回顾这段过往，我们很容易理解：开心网搭建了一个好友间互动的场景，使用户和好友们有了更多互动的机会，这才实现了自己在特定时间的爆发式成长。

10年前如此，10年后也是如此。

"裂变六字"的行为都是方便用户和好友互动，用以增强他们的亲密关系。可以说，品牌或产品只是用户和好友互动的介质或由头。

我总是建议，看看朋友之间还有哪些亲密的互动行为可以挖掘，这一定会带来新的爆发机会。在六大驱动力中，还有地域驱动、兴趣驱动、事件驱动和关系驱动相互组合没有提炼出可供裂变的字。

例如，社群运营者"剽悍一只猫"曾和我讨论这个问题。令人印象深刻的是，大部分体现排名的榜单或活动，这个团队都会去努力争夺第一。在增强关系密切程度的约束条件下特别像一个新字——"争"，即小团队之间相互较量和比拼。今天年轻用户更习惯"争"，我在研究一个社交相关话题时，看了许多知名网络小说,其中大概率会写到一个场景:"学院"或"试炼",主角和好友们组队在竞争中不断取胜前进,一个个关系紧密的"小队",面对一个个难题,争夺一次次胜利。"争"是关系驱动与事件驱动的新组合。

另一个字——"约",受猫眼小程序的启发得出。2018 年开始,猫眼小程序一直处在头部区域,牢牢占据着 25% 的份额。我曾多次前往这家公司和其高管探讨,有一次也涉及这个话题。他们发现,看电影是一件地域性很强、关系很强的事情(家人或情侣之间相约一起看),并且都要从"约"这个动作开始。因此,围绕"约"有不少文章可做。"约"是关系驱动与事件驱动、地域驱动的新组合。类似更多这样的提炼会在社交生态中爆发强大的威力。

两个被验证的引爆模型

回顾这些动作,又不得不再度提及 2013 年起的社交爆款现象,许多相似的特点也能在那段历史中看到。那时以疯狂猜图、打飞机、围住神经猫、魔漫、脸萌、足记等为代表的产品几乎一进入社交网络就即时引爆,如魔漫单天激活下载 App 用户数量达 300 万,脸萌单天激活下载 App 用户数量超过 500 万。小程序头部团队所实现的用户增速,几乎是这些 App 的翻版。这两个相隔四五年爆款迭出的阶段表现出相似之处:在一条细分赛道中,最大的创业项目会拿走近 90% 的市场份额,将追随者远远甩开。

必须强调的是，不是10%的头部创业团队占据90%的市场份额，而是在细分领域内，1家就占据大约90%的市场份额。我习惯称之为"一九法则"。

但领先者必须不断创新，一旦后来者在更丰富的娱乐性或更简单的操作上超越领先者，将获得更快的成长速度。

两个不同阶段的差别只在引爆动力上，2013年促发产品即时引爆的动力和今天乃至未来一段时间促发引爆的动力截然不同。

当时企业只需满足用户的两个基础诉求，即可引爆市场：第一个诉求是分享动力，大部分聚焦在"维系和好友们的关系、表达某种诉求、塑造自己想要塑造的某种形象"这三点；第二个诉求是点击动力，用户具有强烈的"共鸣、好奇和想学"的需求。

两大诉求互相组合，催生了一个又一个引爆产品、事件。这是出现在《即时引爆》中的引爆模型（病毒循环）。迄今为止，仍在强有力发挥作用。

第一种社交引爆模型出自《即时引爆》（见图4-5）。以围住神经猫为例，吸引人们点击的原因是"好奇"（你在玩什么），促发分享的原因是"塑造形象"（战胜了全国百分之九十几的用户）。脸萌吸引人们点击的原因或许是好玩和"想学"（怎么快速做一张好玩的萌图），分享动力来自"关系"（帮你爱的人做一张脸萌吧）。甚至就连《即时引爆》在当时热销，也是源于一篇文章——《起标题这件小事，是如何深刻地左右引爆微信这件大事的》，点击动力来自"想学"（怎么做到），分享原因部分和"塑造形象"有关（我在关注新事物）。

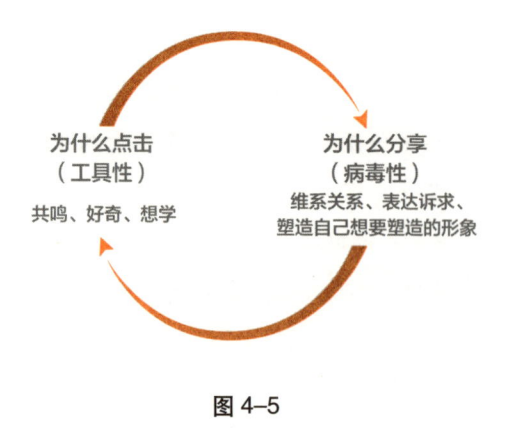

为什么点击　　　为什么分享
（工具性）　　　（病毒性）
共鸣、好奇、想学　维系关系、表达诉求、
　　　　　　　　塑造自己想要塑造的形象

图 4-5

再回顾"花粉"和百度贴吧的案例，甚至回看《小群效应》一书中提及的"Facebook 出征事件"，会看到另一个问题的答案：在小群时代，小群体究竟是怎么引爆大事件的？

大部分社群扩散模型是第二种社交引爆模型，如图 4-6 所示。

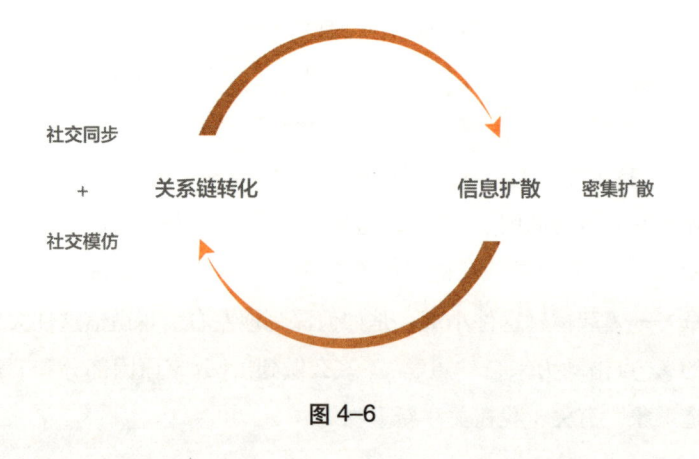

社交同步
　+　　　关系链转化　　　信息扩散　　密集扩散
社交模仿

图 4-6

080 | 关系飞轮

所谓密集扩散，是指目标用户群在同一时间内分享、推荐相似信息。例如荣耀 3C 第一次发布时，"花粉"们密集地在社交媒体上推荐，助推这款手机实现了首次市场爆发。还有 2019 年春节，大家密集讨论《流浪地球》，助力这部国产科幻影片在当年拿下 46.81 亿元的票房。

第二种社交引爆模型显示，密集度是一个非常值得关注的日常运营数据。我平时就十分留意，每次访谈用户，总是询问对方有多少好友同时关注见实公众号。背后原因是我观察到粉丝有时未阅读文章，但随着好友间讨论和分享，又会不断被吸引回来。2022 年年初，我们团队在系统分析见实的运营数据时，看到了密集度带来的结果：**在高密集度的粉丝群体中，阅读率至少是非密集粉丝群体的 5 ~ 10 倍。**

这个数据和超级用户的阅读、销售贡献比类似，在付费参与的大会或线下活动报名中，转化率相对较高。可以说，目标群体的密集覆盖是超级用户更快、更多地浮现的基础。而在微信公众号中，密集群体的阅读行为会推动"常读用户"这个数据持续走高。

我曾和社交文创平台 Soul 的首席执行官张璐讨论她创办 Soul 的成长过程，发现她也很在意密集度指标，即某些手机型号下载 Soul 的覆盖度、某一年龄段中用户使用 Soul 的比例和好友数等数据。密集度会使新用户加入产品后更容易留存，也容易在其流失后被好友召回。

当群体密集分享扩散，信息密集进入用户圈子时，我们会看到另一个现象，那就是社交同步和社交模仿，即如果好友们也看了这本书或电影、购买了某件商品或参与了某个话题,我多半也会跟着参与。这是因为相似人群所形成的社会压力和从众心理,会促使人们在一个小社群中被间接影响。

这个结论在第3章电商网站销售手机的关系引入测试中,也得以确立。

抖音建立私域的基础甚至也和密集度紧密关联。2021年7月,这个超级平台向业界介绍说,他们在私域的范畴内将粉丝的成长阶段分为"路人粉"、"好感粉"和"真爱粉",引导企业针对用户所处的不同阶段制定个性化运营策略,最终目的是不断提升"真爱粉"的整体占比。"真爱粉"则可以成为广告推广的参照群体,继而触达更多目标用户。这和我们现在讨论的密集度的作用几乎一致。

密集扩散形成社交同步,社交同步促发密集扩散,便形成第二种社交引爆模型。

不论是"裂变六字"还是两大社交引爆模型,都在推动用户和不同关系的好友增强互动,例如弱关系适合第一种社交引爆模型,强关系适合第二种社交引爆模型。和第一种社交引爆模型引发快速引爆又快速衰退这一特性不同,第二种社交引爆模型和收入变现、订单转化等企业最关心的结果密切相关。

亲密关系主导的新增长飞轮

亲密关系的引入推动第二种社交引爆模型不断进化,并得以发挥更强劲的作用。因为超级用户总是那么慷慨，给予长期支持。我们再度回顾一下超级用户曾发挥强有力的作用的要点。

- 密集分享。明星的粉丝中，超过 60% 愿意配合官方宣传，超过 30% 愿意自发组织粉丝聚会；华为手机的粉丝中，93.37% 在社交媒体上发布和分享过包括广告视频、海报和评测结果等在内的产品信息。
- 小圈子中的密集转化。明星的粉丝中，近 30% 会组织团购产品；华为手机的粉丝中，98.54% 曾向亲友推荐，并且有成功转介绍超过 50 部手机的用户。
- 亲密关系。认为自己和明星、其他吧友是"家人"。
- 好作品或高质量。用户为这些好东西而自豪，企业要做到的不仅仅是满足用户的需求，还要不断超越用户的预期。
- 参与即喜。用户认为自己的想法能被体现在产品或服务的新迭代中、能参与到活动中就很欣喜，愿意积极主动地投入时间和精力，乃至资源。
- 有长远的目标，有共同的追求。

这些特质正在组合形成新的社交引爆模型，也是正在发挥强作用的第三种社交引爆模型，我更愿意称它为新增长飞轮（见图 4-7）。从某种程度上看，新增长飞轮建立在第二种社交引爆模型的基础上，尤其是密集扩散和社交同步、社交模仿两大基础，只是带来增长的根本动力切换成了三种亲密关系中的不同特质。更重要的是，亲密关系推动形成的新增长飞轮，不仅会带来强力且密集的分享、超强转化和转介绍，还会形成强力黏着复购，并吸引用户长期持续支持。

我很可信
（用户的投入产出比）

我很可亲
（人们天然亲近于帮助自己的人）

我很可爱
（我在时时成长）

运营前置

美好时刻

半成品时代

密集扩散

亲密关系

社交同步
社交模仿

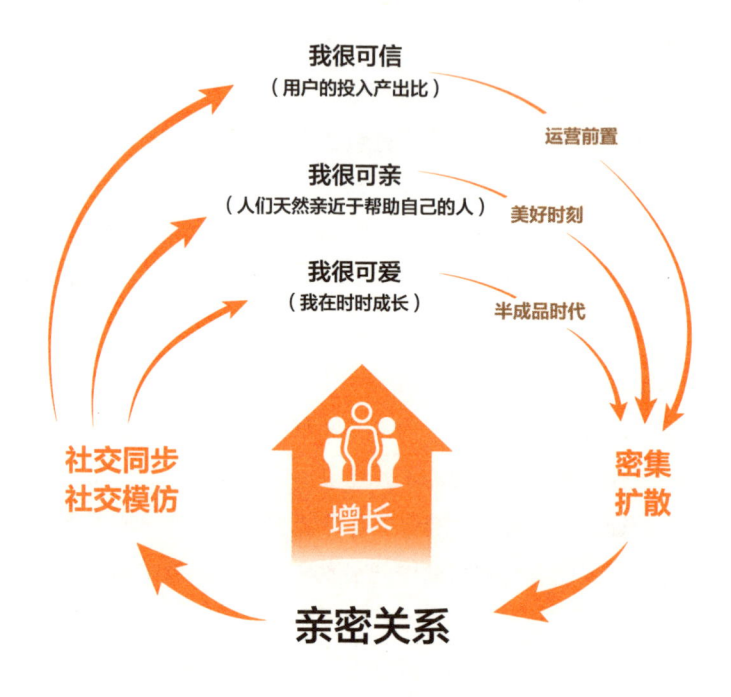

增长

图 4-7

后续章节我们要完成的任务就是拆解新增长飞轮的种种构成，以弄清三种亲密关系是如何帮助企业实现快速增长、品牌和企业应该如何构建自己的关系体系以获取更多超级用户，以及不同类型的亲密关系和其伴生的特别现象是如何帮助企业理解新社交浪潮并充分参与制定和运用新流量规则的。

需要说明的是，本书在描述不同亲密关系时只选取了其中一个或数个显性要点展开。在实际生活中，还有许多要点值得我们推演和运用。相信那些即将出现在你的团队中的扩展思考和讨论，同样会带来很大的启发。

扫描二维码
欢迎和我随时交流

扫描二维码
购买配套私域增长课

05
第一种亲密关系：
我很可信

这是企业推进关系管理时采用最多也忽略最多的亲密关系类型。通常用户要求企业提供超高性价比的产品和优质的服务。然而一旦信任崩塌，用户和企业之间的关系也就一去不复返。

超级盟主与起点大神

我们要回到 2018 年的起点中文网（阅文集团旗下网站）。从 2017 年开始，起点中文网调整了运营策略，将社交媒体、社群运营的特性引入网络小说运营，这促使盟主大量涌现。

2018 年 6 月 1 日，《赘婿》的作者愤怒的香蕉在起点中文网更新了一个单章《疯子们，狂欢结束啦！》，在刚刚结束的 5 月，《赘婿》书友共投下超过 18 万张月票，助推这部网络小说成为起点月票榜（原创风云榜）第一。新发布的单章就是借回顾争夺榜单这一过程来感谢粉丝。

月票榜是网络小说界的影响力榜单。在起点中文网的规则设计中，付费（订阅或打赏）是书友取得月票的唯一途径，并且需要付费超过一定金额。他们可以将这些月票投给自己喜爱的作品，因此，月票榜排名意味着每部网络小说阅读者的喜爱程度、付费意愿和付费群体的大小。

愤怒的香蕉在《疯子们，狂欢结束啦！》中这样回顾：

从 4 月开始书友们就在讨论如何争夺榜首，群里的书友们商量之后，决定要打赏（出）30 多个盟主，壮壮声势。这是唯一有争榜经验的"烟灰"提议的。然后凑了点儿钱发月票包，就像大家看到的那样（月票包的作用到）5 月 1 日当天就用完了，群里的人心想（争月票榜第一）事情要不行了……但后来大家看到，盟主、大盟（主）层出不穷，不知道从哪里来的新读者们订阅了全部内容并投了月票，说是补偿以前欠款之类……外头的书友们慢慢浮现出来。

书友群从头到尾一直处在哀嚎的状态，能尽全力的朋友都在竭尽全力，大家投了票还拼命出去打广告。新来的书友也都在帮忙，而且就我所见，（新书友）还在陆续出现。

文中提及的"盟主"指的是打赏超一定金额的超级用户。在起点中文网，黄金盟主指一次性打赏超 10 万元的书友，白银盟主指一次性打赏超 1 万元的书友，盟主指累计打赏超 1 000 元的书友。通常黄金盟主和白银盟主被作者们统称为大盟主。

单章的内容较长，从中可见一些关键信息：

- 书友们做出了巨大的贡献，争夺榜首的全过程多由书友自发策划、组织，不断扩散和转化，几乎承担一切。最后帮助《赘婿》新增了 142 位盟主（包括部分白银盟主）。
- 一起做件大事的"事件驱动"发挥了巨大的价值。在单章的最后，愤怒的香蕉说："我想所有书友参加这次活动的心情都类似：我喜欢这本书，我们要一起搞事情，希望看到大家站在一起、都在认可自己认可的东西。"一起做成一件事情的诉求推动书友们自动自发地投入。
- 书友和作者之间形成亲密关系。愤怒的香蕉在单章中将书友称为股东，如果我们多观察作者和书友们之间的互动，就能看到一些昵称，比如《牧神记》的作者宅猪被书友们直接唤作"猪"，《大王饶命》的作者会说话的肘子被书友们称为"肘子"，《永夜君王》的作者烟雨江南被书友们称为"烟大"。
- 竞争带来动力（荣誉驱动）。愤怒的香蕉提到了另一部网络小说《牧神记》所带来的竞争压力。《牧神记》是前一个月的月票榜第一，本月展开卫冕战，并在前半个月的争夺战中领先。尽管这些竞争压力被轻描淡写，但能被作为对标存在，已经说明压力本身。

书友之间更激烈的竞争还不是出现在这两部网络小说之间，而是在《牧神记》与《大王饶命》之间。为了争夺 3 月和 4 月的月票榜第一，两部网络小说的书友们在竞争之余甚至产生了摩擦，导致两位作者不得不分别发表单章专门解释此事，或声讨或道歉解释。

参照起点中文网的数据，可以说《赘婿》《牧神记》《大王饶命》三部网络小说都是足够封神之作，它们的书友数量非常接近。表 5-1 是 2018 年 5 月底统计的三部小说的阶段数据，2018 年 3—5 月，这三部网络小说分别处于月票榜榜首。《大王饶命》为 2018 年 3 月月票榜第一，书友们投下了 13 万张月票；《牧神记》为 4 月月票榜第一，书友们投下了 17 万张月票；《赘婿》则在 5

表 5-1

	《大王饶命》	《牧神记》	《赘婿》
黄金盟主	2	1	
白银盟主	12	13	13
盟主	255	265	236
月票榜名次	3月第一	4月第一	5月第一
当月票数	13万张	17万张	18万张
影响金额	260万元	340万元	360万元

月成就第一,获得了18万张月票。

我们选择观察打赏用户的构成正是因为想了解忠诚度。在起点中文网,投出一张月票意味着付费用户在比较了多部网络小说之后挑选了一部长期跟随。月票数,即意味着每月实际而庞大的打赏金额。

根据各类盟主数量计算打赏金额并不准确,实际金额远高于此。以《赘婿》为例,表5-1显示这部小说没有黄金盟主(一次性打赏超过10万元的书友),但查询数据后发现有一位白银盟主持续打赏,累计早就超过了黄金盟主的门槛金额。2018年5月28日,愤怒的香蕉还专门为此发表单章感谢,后来,这位白银盟主的名字又多次出现在冲榜成功后的答谢单章中。同样,《大王饶命》也有一位白银盟主的打赏额累计超过黄金盟主。

盟主打赏构成单部网络小说整体打赏金额的80%～90%。

更重要的是,这些月票背后所影响的金额,我们已知消费

10～30元才会拥有一张月票。以中值20元作为一张月票带来的金额计算，一部网络小说所获月票数在一个月内影响了260万～360万元付费金额。

在起点中文网，盟主数量从2017年年底开始大量增加。过去，起点中文网采取传统的运营模式，尽管也强调答疑、和读者互动等运营策略，以此培养铁杆粉丝、提升用户忠诚度，但基本可以理解为沉默的单人阅读占据了绝大部分时间。2017年年底开始，部分网络小说运营引入社交新策略，邀约读者在社群中共同阅读、一起互动和推荐作品等。

就这么一个小小的改变，起点中文网从过去一部小说通常只有10～40个盟主，跃升到上述三部小说各自盟主数都超过230个，半年时间至少跃升6倍。起点中文网创办于2002年，2002—2017年只诞生了18个黄金盟主，社群化运营半年内即新增5个黄金盟主。《大王饶命》的两个黄金盟主都是在这段时间出现。鉴于此，更多作者对书友的社群运营也提出了需求，作者们希望书友从单纯的阅读变成参与度更高的用户，甚至变成盟主、变成打赏的超级用户。

此外，仅这几部小说覆盖的书友中，正版付费和消费人数增长了三四倍，大量用户从看盗版转变成为正版付费。比如我们在《赘婿》答谢单章中就看到这样的话语："盟主、大盟（主）层出不穷，不知道从哪里来的新读者，订阅了全部内容并投了月票，说是补偿以前的欠款之类的。"

单独比较版税和付费订阅，可见书友打赏给起点大神（知名网络作家）带来了更高的收入。而在半年内，盟主打赏迅速增长至此，可以预见实际数字和比例还会继续提升。盟主直接付费打赏将会成为继付费阅读、IP（知识产权）收入后又一大收入来源。必须强调的是，鉴于作家收入在起点中文网是保密的，我们仅是依靠月票数据估算，并不代表真实数据。

到 2018 年年底，我们再度刷新数据时看到一些变化。2018 年年底，《牧神记》作者宅猪在起点中文网公开年度收入时这样说：阅文集团给出的月稿费收入，除 1 月、2 月稍低，12 月未知（公布收入时该月收入数据还没结算），其他月份，每个月稿费都在六七十万元，其中 3 月收入最高，达 81 万元。

这些盟主不仅持续给出高额打赏、新章节一出纷纷参与评论和推荐，还在争夺榜单过程中为自己喜爱的作者出谋划策、四处宣传和拉票，这些都是最典型的超级用户特征。

那么，这些盟主（超级用户）是怎么形成的？

在这些风格各异的网络小说日更中，经常能看到作者在章节底部答谢粉丝打赏、祝贺某些盟主生日快乐，主动和粉丝们聊起最近参加了什么会议或写作培训班、自己生活中碰到什么困难，等等。起点中文网在粉丝运营中也鼓励作者和书友们适度交流（太频繁了会影响写作）。

只是这些做法，包括在愤怒的香蕉发表的单章中看到的信息，显然不足以回答上面那个问题。同样，冲榜期间不同小说的书友们相互竞争也不足以解释。当然竞争能增强书友的凝聚力，提升活跃度，但无法解释半年内超级用户大量出现，甚至从盗版用户变成超级用户背后的原因。

有一天，我加入《牧神记》书友群想看看这些粉丝是如何维护和运营社群的。一进去,立刻有群主过来确认身份:你是不是宅猪的粉丝?

我回答是,说自己非常喜欢《牧神记》,它在《人道至尊》的基础上提升太多了。

群主又说:那你证明一下!

我赶紧登录起点账号,截图了一个打赏证明。在群里,我找到几位群友小聊,他们大多是年轻人,其中一位正好是打赏1 000元以上的盟主,他还是大二学生。

在起点中文网,年轻人是盟主群中的最大构成。曾经我认为,书友数量多,浮现出的盟主会更多。起点中文网否认了这个观点,他们看到的真实情况是:**书友中年轻人越多,盟主数量越多**。被游戏付费重度熏陶过的年轻人,小额付费的意愿更强,也更愿意为好内容付费。

尤其是在今天,当书友处于社群形态中,付费打赏反而变成用户表明自己身份最简单、最直接的方式:用户通过打赏告诉他人,自己是某位作者的铁杆粉丝。就如我在群中表明身份的方式一样,当下,用户标记自己身份的方式变了。

类似的现象在网红经济、直播短视频等领域最常见,现在起点中文网通过加强社群运营,也将这个红利落到优秀作者的口袋中。例如《牧神记》和《大王饶命》的书友以年轻人为主,《大王饶命》的盟主们普遍为90后、00后,熟悉直播、游戏等线上消费,打赏频率高,因此推动这本书在2018年上半年登上月票榜榜首,评论总数是第二名的两倍多,均订和追订数值创下网文历史新高,用户黏性和转化率也排名第一。

我接着问那位大二学生，他为什么打赏《牧神记》，他的回答很直接：**因为喜欢，因为这部小说写得非常好**。同样的问题，我和起点中文网的工作人员讨论时，也被如此回复和强调：**内容优秀程度对打赏金额和人数影响很大**。

只有在内容优秀的前提下，社群化、作者和书友的适度沟通才会变成书友和作者的连接口，让平时少有关系甚至没有关系的书友变成超级用户。当这个基础奠定完成，"争夺榜单第一"这个目标和事件才会让松散的书友们凝聚成团并爆发巨大的威力。

内容对铁杆粉丝、超级用户、书友打赏等产生的影响在《大王饶命》和《赘婿》上显现得更为突出。愤怒的香蕉在单章中记录说："在争榜的整个过程里，几乎所有大盟（主）、超大量书友都在叮嘱我，**千万慢一点儿，不要辜负了这本书**。而往往没有订阅的（书友）一直在嚷着加快加快。我想，正是大家真正认同了这本书的质量而不是更新（速度），他们才选择成为大盟（主），选择一直跟进。"

截至2018年6月1日，从2011年11月开始连载的这部小说，用了近7年时间才更新到第868章，一度一个月只更新两三章。但《赘婿》的书友们仍然不离不弃，盟主总数毫不逊色，并能在2018年4月占据月票榜第一的位置，原因就是优质的内容。相比之下，《牧神记》连载一年已有737章，作者堪称劳模——当然是又快又好的劳模。

《大王饶命》更是一个让起点中文网内部都有些惊讶的作品。作者会说话的肘子的前两部作品《英雄联盟之灾变时代》《我是大玩家》都是万人以上的订阅，《大王饶命》从2017年8月开始连载，10月正式上架（正式上架前均为免费章节，只有上架后章节内容才开始正式收费）。当月这部小说没有冲击月票榜就已吸引3.1万张月票，排名榜位列第十，次月上升到了第四。2017年12月，书友们第一次帮助这部网络小说冲击月票榜就直接拿下第一，顺带还将订阅人数从2万拉升到4万多。

表5–2是《大王饶命》上架几个月内所获月票数和月票榜排名。起点中文网形容这部作品是"一个在2018年4月才刚刚签下起点大神约的作者，一直在月票榜上和最顶尖的白金约作者展开竞争"。

表 5–2

时间	月票数	月票榜排名
2017年10月	31490	第十
2017年11月	35172	第四
2017年12月	106410	第一
2018年1月	111245	第一
2018年2月	88853	第二
2018年3月	135849	第一
2018年4月	124023	第二
2018年5月	113801	第三

在起点中文网，白金约是等级最高的合约，意味着推荐资源、IP化、分账等将全面向该作者倾斜，也意味着书友和平台对作者的绝对认可。2018年4月，《牧神记》的作者宅猪凭借优秀的

作品签下白金约。大神约位居白金约之下，会说话的肘子也是在 4 月刚刚升级到大神约。

　　起点中文网在观察年轻用户内容消费的特点时发现，今天的年轻人更加自强独立，相信平凡可以靠努力改变，也更喜欢非传统的、生活化气息浓厚的主角。在这一点上，《大王饶命》的内容非常符合年轻人的性格和喜好，更加次元化。符合人群特点的内容让书友变成超级用户。2018 年 11 月，《大王饶命》连载完结，即便少了一个月时间，仍以超过其他网文 20 万张月票的成绩成为年度月票榜第一。而这个故事的起点在于开始：因为内容优质，从过去的作品一路追随而来的书友直接让新作品订阅人数过万，一个月后订阅人数超过 2 万，此后才有了接连不断的榜单争霸故事。

从截流在街头变成截流在床头

　　我们再换一个行业观察一下，去看看电商行业的社区团购。

　　高榕资本的办公地距离我的公司办公地约 900 米。2019 年元旦后的一个下午，我步行前往拜访高榕资本董事总经理韩锐。在社交电商这条赛道上，最成熟的那个大果子——拼多多，就是这家基金培育的。拜访前一两天，高榕资本还追加投资了一个社区团购项目。这次前去，就是想和韩锐一起讨论他们对这个赛道的观察。

我们今天在业界投入大量的精力和资源探讨微信，是因为快速、低成本又大量获得新用户这件事，已经从过去投放电视和纸媒广告、搜索引擎竞价排名等渠道稳定地迁移到了社交媒体上。许多互联网公司纷纷组建关注用户增长的部门，所用方法虽然发生了巨大的变化，但归根结底，新方法都源于获客方式的变化：从过去向渠道购买用户，变成了向用户购买他和他的好友。

在这个策略下，变化最大且受益最大的是电商行业。如果进一步细化，会是一个庞大且专业的话题，因此这里只简单提及需要用到的背景。

业界试探在微信上卖货做电商是从2013—2014年微商形态开始，当时最大的微商团队一年流水超100亿元。2015年年底，我曾应邀前往该团队的年会现场，那是深圳的一个体育馆，现场几乎坐满，邀请来现场表演的嘉宾阵容不逊于一场全明星演唱会，给我留下了深刻的印象。尽管微商行业良莠不齐，却成功教育了市场，相当于告诉创业者和投资人，利用用户关系链来做电商这件事情可行。很快，社交网络又孕育了大V店、拼多多、有好东西等为代表的社交电商创业公司。

2017年下半年，小程序成为创业新平台后，电商和游戏因赢利方式直接、商业模式简明而成为投资热门，很多团队短时间内月流水迅速越过千万元乃至亿元门槛。2018年年初，社区团购浪潮掀起，高峰期一度有2 000多家创业公司聚集在这一细分赛道，核心玩法是用户在所在小区建群，邀约邻居一起团购采买商品。当然，到现在，社区团购已经分出高下，大批创业团队倒闭，只留下了几家头部公司，而在我和韩锐聊天时，这个赛道还比较火热。

韩锐在观察社区团购时，将电商发展以来的所有模式都纳入一个模型。他认为零售的终局是：每个人拥有一个机器猫，要什么有什么，立等可取。

但这样的终局显然不现实，真实情况是对立的（见图 5–1）：商品既便宜又丰富，大型商超必然会开在偏远的地方；商品足够近但也因此不便宜、不丰富，就像开在街边的便利店。

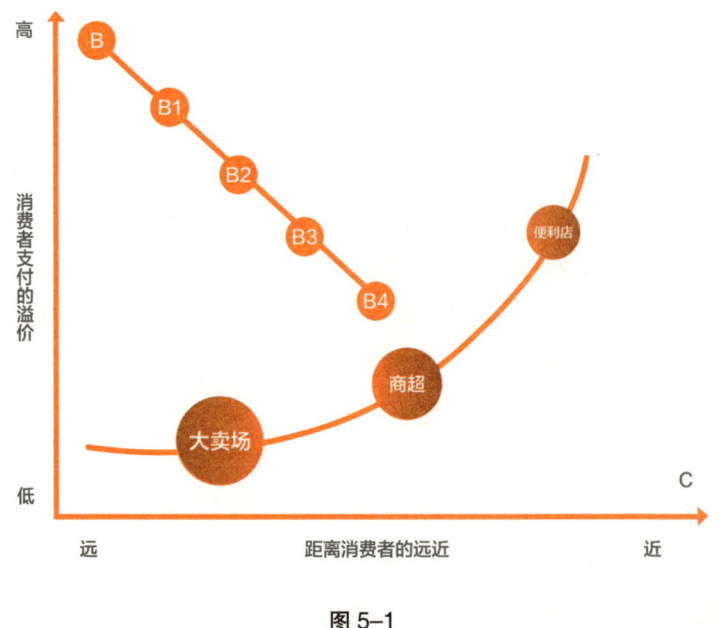

图 5–1

我们在这个坐标里想象 C 端（消费者）最舒服的状态肯定是待在右下角，所有东西送到手边，支付极低的甚至不支付时间成本和溢价。

而B端（企业）最舒服的状态肯定是希望出现在坐标的左上角，产品下了生产线，消费者自己来拿，果子自己来摘，消费者为了成交需要付出时间成本和溢价。过去的集市其实就是这种状态，每周一次，还得专门去趟县城，东西也不便宜。

推演下去，当供给逐渐放开时，当卖方市场逐步转向买方市场，只要有企业挪出起点，稍微往右下角挪一些（卖得便宜一点儿、距离离消费者近一点儿），消费者就会被截流，我们假定标记为B1。所以对于B端来说，就会不断地往前去绕，这样就有了B2、B3、B4等等。

消费者为了购买既便宜又丰富的商品，愿意前往距离较远的大型商超。只是消费者在这个过程中会不断被截流，截流消费者的就是便利店，虽然便利店的商品不够多也不便宜，但胜在离消费者足够近。

为了不被截流，企业只能不断向消费者靠拢，直到成本和效率这两个限制再也承受不住才会停下。社区团购就像企业向消费者靠拢过程中的最新落脚点。

而且，当微信变成一个大工具、大平台后，从业者看到了更令人兴奋的地方：企业有机会直接连接消费者。

也就是说，消费者躺在床上就可以直接下单，对企业而言，争夺消费者的战斗在开始时就已经结束。韩锐认为，电商业态从原来单一空间上的截流变成了时间上的截流。他将这个变化形容为：**从截流在街头变成截流在床头。**

聊完这个让人兴奋的模型后，韩锐话锋一转，他认为社区团购最大的阻碍是产品力,很多创业公司深陷其中。

什么是产品力?

在社区团购模式中,用户被鼓励在小区建群(因此被称为"团长")组织购买,就像上一章中说到的"拼"。归根结底,相当于团长在用关系帮助企业卖货。一旦商品出现问题,就会危及团长在群中的人情和关系,甚至彻底被毁掉。这是一种不可逆的关系断裂,没人愿意继续在不靠谱的邻居那里买东西。

人与人之间就像存在一个"信任账户",每当提供了有价值的帮助、做出了独到且正确的判断、推荐了物美价廉的商品,朋友都会为两人之间的"信任账户"加分。因此会被认为是更靠谱、更值得信赖的人,在朋友中享有威望、受到尊敬。反之则会扣分——地位下滑和亲密度降低,渐渐地被朋友们轻视。

商业世界从来就没有离开过好商品、好服务、物美价廉、高性价比,要说有什么不同,过去我们碰到不好的产品或服务时,多是私下抱怨几声,今天在强关系社交环境中,一个用户不满意就意味着一个小圈子不满意,甚至有可能发酵成更大的危机。在社交世界,也没有离开过"用户投入产出比"或"用户成本收益账",用户希望自己投入的时间和金钱越来越少,得到的产品或服务越来越好。

社区团购的关键表面上看是商品本身,也就是韩锐所说的产品力,实际上是产品能否帮助团长承载并增强群友的信任。韩锐认为:"这是绝对的必要条件,在产品背后蕴含着团队的供应链能力、信息技术能力……体现到最后就是用户在你这里是不是能买到一个性价比很高的产品。不然就会去别处。"到最后,再专业和精妙的商业模型都离不开信任。

可以说，今天的社交网络提供了企业直接连接用户的方式，这正是从过去微商到社交电商、今天私域流量、未来其他更多商业模式的基础，但留存用户、让用户长期复购，乃至转介绍和推荐的根本则是建立和增强信任的产品力。

当时，同样在推进社区团购项目的农夫果园创始人庄晓峰也和我提到了类似的现象：生活中，用户对水果分级的概念十分模糊，认为看着差不多就行。以苹果为例，假如用户购买后发现其中有两个略小，会认为团购商家故意掺小。虽然没有投诉，但已直接转身去了竞争对手那里。

这导致社区团购特别强调原产地选品、高质量标准，力求以商品培育用户的超强信任。受这个因素的影响，部分在这些方面表现出色的团队的用户复购率持续增加。

产品要承载用户的信任，不仅要满足用户需求，还要超越其预期。只有做到这一点，用户才会向亲友力荐。而用户的每一次推荐又能让自己更靠谱、更被信任，使其与亲友间的关系更紧密。

"信任账户"只许加分，不可减分。

信任也分很多种，例如一家社区团购公司扩张初期迅速开发了17个城市，运营了一段时间后发现小区微信群的黏性不足，无法规模化复制，最后不得已又关停了这17个城市的业务。他们发现，这是因为外部团队没法取得小区居民的信任。改用本地团队推进微信群服务后，因为有信任背书，方便面对面接触，哪怕社群运营经验不足，经过系统培训和指导，业绩也能稳步增长。最后，这家公司确定了一个运营原则："本地人做本地事。"

有趣的是，韩锐提到的产品力以及背后的信任却在改写其分享的机器猫模型。在他的模型中，消费者的"时间金钱交换率"是一个有趣的观察指标，意思是，如果消费者时间充裕，就愿意来回半个小时去往远一些的大型商超，寻求更具性价比的商品，相当于支付时间换金钱；如果时间紧迫，则就近在便利店购买，即使商品可能更贵，选择也没有那么多。他用这个模型去看社区团购模式，发现履约成本[①]几乎是电商业态中最低的——仅0.3元左右。

但当消费者进入私域状态，也就是其添加品牌方的员工为好友，或者和品牌形成了亲密关系时，信任足够强，其复购次数会大幅增加，这时，机器猫模型会变成以复购为主的新客单经济模型，即扣除获客成本和履约成本后的净利润大幅增加。因为这两个占比最大的成本项在大幅缩小，超长的用户生命周期、复购次数反而成为基础。这一点在过去只可想象，很难实现。

模拟平辈之间的亲密关系

我们可能没有意识到，在亲密关系和超级用户这个范畴内，企业推进关系管理时采用最多的就是平辈关系，即和用户模拟成兄弟姐妹。

平辈之间，靠谱和信任极其重要。在这个基础上，尽管所谓

[①] 履约成本是指订单从仓库发放到用户的过程中耗费的成本。

兄弟之情没有宣之于口，用户一点儿也不用担心自己被欺骗、被要高价、提供服务时不被重视，或者被区别对待。用户可以放心推荐，并享受这种推荐给自己带来的信任加分。一旦让用户在好友那里和圈子中丢掉信任分，或一旦信任崩塌，用户和企业之间的关系也就一去不复返。

这就特别像第1章中强调的："产品先满足需求，再超越预期。"

平辈之间的亲密关系甚至无须模拟，因为大部分企业立命之本就是依赖好产品、好设计和优质服务本身，尤其是创办多时的大品牌、产品质量和服务过硬的传统企业。这是模拟平辈最多的原因，也是被忽略最多的原因。企业需要考虑的是，如何使服务优势更突出。

我们反复强调平辈之间的信任很重要，甚至用"超强信任"来形容，是因为建立在这种关系下的信任，对高转化率和高复购率有直接的帮助。不论是网络小说，还是社区团购的生鲜购买或是其他，有超强信任在，不论是结合其他要素，还是构建新的商业运营出发点，都足够成立。

后来我看了朱萧木在2021年10月的公开演讲，他是罗永浩的拍档，两人从研发推广锤子手机到电子烟一路相互扶持，历经坎坷，直到2020年4月1日启动直播带货才算站稳脚跟。借助这个项目，罗永浩终于还清了运营手机创业项目时欠下的巨款。在这次演讲前后，"交个朋友"已经在直播中推荐了5 000多个品牌、超2.5万个产品，销售额超百亿元。

朱萧木回顾这个过程时说，只有一个词贯彻始终，那就是

"信任"。他们曾在直播中说错价格，全场赔付上百万元，也曾发布公告为瑕疵产品道歉并赔付，这些事情逐渐奠定了信任的基础，到今天，哪怕罗永浩不再去直播间，照样能卖得很好。只要做好"信任"，创业这件事情就能够一直做下去。

超强信任催生前置运营

　　超强信任的另一个要点是，如何帮助企业搭建新的运营出发点。因为有信任在，用户甚至愿意无条件地提前将费用支付给企业，因此留出了前置运营空间。

　　前置运营是指用户在一件事情刚启动时就已经投下信任票，颇有一种"事件刚开始就已经成功结束"的感觉。这个商业现象的前提是品牌获取了用户的超强信任。

　　2019年春节后，我和社区团购创业团队"你我您"的董事长兼首席执行官刘凯沟通时，听他提到一个数据：用户提前交纳定金的定制商品（工厂定制）占总流水的5%。他们推测这个比例可自然提升到30%甚至更高，背后的关键正是商品的高标准赢得了用户的信任。

　　高质量商品几乎是建立超强信任的不二选择，在信任基础上，用户越来越接受交纳定金提前定制这种形式，前置运营（或称运营前置）会变成行业基础。

　　用户可以接受提前多长时间交付定金？"你我您"当时测试

的结果是用户愿意等三四个月。

不过,信任也是一把杀伤力巨大的双刃剑,并且最易受伤的总是用户。2021年下半年,伴随着在线教育行业大整顿,数家教育品牌消失,牵连无数家长损失预付的课程费。从任何角度看,无法退款都不是企业正常经营应该做的,更遑论在亲密关系这个范畴内。

继续讨论前置运营,我们可以近距离观察思考另一个案例。2017年7月,海尔在顺逛上线销售"云熙1代"洗衣机。一天时间卖出16.7万台。如果以惯常模式销售,这一销量预计要用一年时间才能达到。两个月后,"云熙2代"洗衣机上市,这次一天时间就卖出25万台(见表5-3)。过去一年,如今一天,这个变化着实有些大。

表 5-3

版本	上市日销量(万台)	价格(元)	上市时间	总金额(亿元)
云熙1代	16.7	2699	2017年7月	4.5
云熙2代	25	3499	2017年9月	8.7
云熙3代	5	6999	2018年2月	3.5

顺逛是海尔孵化的新创业团队。三年前,我曾和润米咨询创始人刘润一起受邀造访海尔,和海尔高层探讨社交网络发展带来的影响和变化,当时感觉到海尔对社群这一形态非常关注,只是不知道早在2015年9月海尔内部就已孵化顺逛。2017年1月,

海尔商城也被并入顺逛团队。

2018年5月底,我再次前往青岛和顺逛的首席执行官宋宝爱讨论顺逛发展中的事件,宋宝爱提供了顺逛所有的数据,协助我理解正在发生的变化。

顺逛在当时吸引了超过90万用户成为"微店主"。和其他社交领域创业公司一样,用户成为传播和售卖的核心。不同公司赋予了这些用户不同的名称,"微店主"即是顺逛给予开店售卖商品的用户的称谓。

在表5–4中,我们看到,由内部员工、送货员等强关系群体构成的顺逛关键群体贡献了近50%的收入,即35亿元。海尔员工做出24%的收入贡献。这一点很容易理解:如果身边有人在一家大公司工作,我们要采购这家公司的产品一定会请他帮忙参谋,或者帮忙要个折扣。人人服务兵(海尔内部对物流和送货员、售后服务等岗位员工的称呼)占微店主来源的16%,贡献了25%左右的收入,在所有人群中贡献最高。而且现在去海尔,随处可见的"人单合一"标语会提醒我们海尔正在倡导的企业文化。宋宝爱说,人人服务兵在提供服务的过程中可以不断地敲开

表 5–4

	人数占比(%)	贡献收入比例(%)
海尔员工	21	24
人人服务兵 (物流、送货员)	16	25
创业人群	15	15

用户的大门,进入用户家,因服务而获得了相比其他岗位更强的信任。

微店主中复购群体比例为36%,其中2%贡献了超过60%的收入。这些优秀的微店主在一年内平均帮助顺逛售出商品100件,帮助销售300件以上的超级微店主占比1%,贡献的销售收入超过40%(见图5-2)。

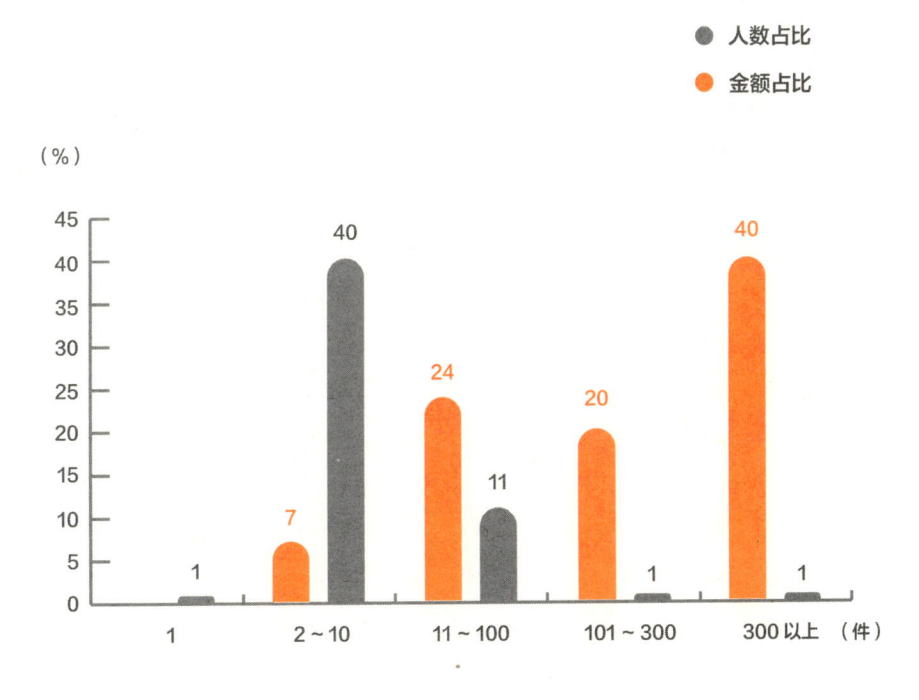

图5-2 顺逛微店主人群比例及收入贡献

2015年9月上线以来，微店主在当月实现销售额50万元，10月达500万元，11月又增长到4000万元，我前去拜访的那段时间，顺逛最高月流水达6亿元。

不过，海尔早在2000年便开始试水电子商务可不是一路坦途，并没有如想象般美好。就连顺逛微店第一个版本外包开发完成后，都没有意识到要提交给应用商店上架。

顺逛又怎么在一天中卖出这么多台冰箱？冰箱又是典型的高价低频商品，消费者可不会经常更换冰箱，大多数人是在新房装修后统一置办大家电。

宋宝爱回顾，云熙系列洗衣机先通过顺逛社群进行需求搜集整理再立项研发。市场调研时发现有些地区降水量减少，加上消费者的环保意识越来越强，市场对洗衣机耗水量、耗电量、洗涤能力等有新需求，因此开发了这款针对三四级市场的产品。而且要求用户先行交付定金。用户愿意等待新冰箱则受益于历史：中国商业史一直记载着海尔从"砸冰箱"开始到成长为家电巨头，没想到，基于品牌的信任能顺延到社交网络。

在推广中，顺逛采用了一个前期推广策略：云熙系列洗衣机有一项非常"安静"的技术来自新西兰研发中心。这是2012年12月海尔收购新西兰家电品牌斐雪派克，将其研发中心整合后的成果之一。不过，这项和听觉相关的技术很难直观地表达，因此顺逛在一些地面店展示，在快速运转的洗衣机上立一枚硬币，一下子就让用户感受到了其安静的优势。我一直担任国内多个广告奖项的评委和终审评委，在评审过程中曾看过这个视频，因此印象深刻。

几次活动后，不仅海尔新品首发迁移到了顺逛上，企业还要求先在社群中互动，搜集用户痛点需求后再对应研发产品上市。同时，微店主和用户可以参与的展示活动成为运营标配，如后来发布冰箱新品时，就将新鲜的牛肉放入冰箱；发布空调新品时，想办法让微店主和用户感知到空调吹出的清新湿润的风。这些展示并不是新的市场手段，却能很好地在社群中发酵。

可参与的活动继而引领定价策略的变化。过去在充分竞争的家电市场，用户习惯将同类产品进行比价。在"立硬币"活动后，顺逛惊喜地发现，用户接受商品的考虑因素从价格走向价值。经过前期互动并明确获取用户购买需求后，后向估量定价可以更精准。

过去，企业推出家电新品，习惯向代理层层压货，直到再也压不下去为止，然后市场很长一段时间就在售卖和消化旧型号库存。

现在，通过前置各种可参与和感知的开放活动，有购买需求的用户愿意等待。产品仍在研发和生产过程中，品牌就已获得许多潜在用户。

在去青岛之前，我一直将顺逛定位为社交电商，而顺逛更倾向于将自己定位为社群交互平台。宋宝爱认为，社群交互是走心的过程。海尔追求终身用户是因为没法让用户持续购买洗衣机和冰箱，但通过社群交互，可以让用户知道接下来可以期待什么新品，甚至变成影响好友决策的那个人。这两个定位完全不同。

前置运营的基础无疑是企业和用户之间形成的以超强信任为基础的平辈亲密关系。

06
躺赢时代

用户一直希望用更低的成本（费用、脑力和时间）获得更大的收益（愉悦感、优质的产品或服务），当两端不断演进，用户投入产出比的极致就变成了"躺赢时代"。

华为手机为什么能超越小米手机

  在前置运营现象中，手机产品是出现最多的大众消费品之一。如果我们检索2019年年初华为和小米两家手机厂商发售新机的报道，会看到每款机型都分别发售过百万部，用时多在三四周，再往前一步就是"产品一推出即成功结束"。

  这和产品特性有很大的关系。手机产品具有典型的"海鲜"属性，一旦上市超过三个月没有售罄，就会直接变成库存，很难再卖掉。因此，两家公司先后选择了粉丝运营路线，可以说，是粉丝的热爱帮助它们先后站上领奖台。

  不过，为什么向小米学习粉丝运营的华为反而后发先至，很快成为国产手机第一畅销品牌，直到2020年5月，华为在中美贸易争端中受限加剧——这个问题需要加一个时间约束。此后一段时间受到大势影响的华为手机被迫让出市场份额，出货量跌出全球前五。小米则增长迅速，2021年6月，小米手机销量超过三星和苹果，出货量全球第一，成为全球第二大智能手机品牌。

几乎10年前，小米就非常尊重用户，粉丝提出需求或者发现漏洞后，小米工程师会迅速响应并修改，这在当时虽说不上绝无仅有，也可以说是极其罕见。因此聚拢和集结了无数铁杆用户，成为用于研究社交媒体和社群运营的典型案例。

答案其实藏在第1章的用户答问中。华为手机的核心粉丝在回答"你为什么要做华为手机的粉丝"这个问题时，80%的回复是"品质好"。若用一句话描述自己和华为手机之间的关系，高频词是"信赖、越来越好、品质、国货推荐、质量"，几乎字字透出"我很可信"。

粉丝们不知道的是，这些回答还间接披露了当时行业的几大变化。

第一大变化是三星在中国手机市场的持续退步。三星手机2013年在中国市场的占有率为20%，5年后该数据已跌到不足1%。2019年下半年，三星电子干脆关闭了在中国的最后一家手机制造工厂。曾经销量世界第一的三星手机在中国市场黯然退场，意味着留出了巨大的市场空白，而当时能在中高端市场接住类似价位需求的手机品牌只有苹果和华为。

小米高端机直到2020年后才高歌猛进，2020年2月小米发布高端机10 Pro，上市55秒内即销售2亿元，这也为此后再度反超成为全球第一立下功劳。

第二大变化是用户环境调整。小米崛起时，国内如此尊重粉丝的品牌并不多见，加上受益于微博崛起。几年后，从抖音到快手，从微博到微信朋友圈、公众号，粉丝运营和社群运营几乎成为大部分品牌的关注重点，尊重用户已成为常态。这时，品牌在类似环境中如何凸显就成为新挑战。

  第三大变化是手机市场迅速进入了技术竞争阶段。例如，我一直记得2018年6月6日华为手机发布了"很吓人的技术"（GPU Turbo），华为高管在微博上用这个说法剧透时让人眼前一亮。2019年年底，我和一些华为粉丝讨论，他们特别提到该年度发布的印象深刻的新技术，如麒麟990处理器（5G技术）及7680帧技术，配置了这些新技术的华为Mate30 Pro机型在2019年9月发布后仅用了60天时间出货量就达700万部，成为华为新"机皇"。2014年华为Mate 7的销量也是700万部，但这款机型取得这一成绩用时14个月。

  提到这些细节，我们就特别能理解后续章节中要提及的"荣光时刻"——粉丝们谈论这些新技术时感觉脸上有光。对粉丝来说，领先的技术足够让人在向朋友介绍时给自己与品牌之间的"信任账户"加分。

  技术积累需要时间，这并不是一蹴而就的事情。2012年华为曾采用海思K3V2处理器，当时这款处理器实际表现有待提升，但很多粉丝为了支持国产处理器仍然选择购买华为手机。同样，麒麟处理器相比高通旗舰处理器尚有差距，从910到980，中间迭代了将近10代才真正意义上跟高通站在同一起跑线上，基本达到同等水平。尤其是GPU部分，华为粉丝甚至私下流传着一个说法——"爵士不玩游戏"（Mate7机型的口号为"爵士人生"），粉丝们用这句话来调侃使用Mate系列没法顺畅地玩大型游戏。刚才提及的"很吓人的技术"（GPU Turbo），就被粉丝们理解为是为了解决用户玩游戏的需求问题。

第四大变化是国潮崛起。今天年轻用户对优质国货的诉求明显更大，当技术竞争和国货崛起潮流融合在一起时，用户自豪感也更强。这就是用户在回答为什么是华为的粉丝时，频繁提到"信赖""越来越好""品质""国货推荐""质量"等词语的原因。

在这些变化的背后，我们看到的仍是同一个核心诉求，即用户的投入产出比。用户投入时间、费用等，获得了优质的产品或服务，就像我们常说的物美价廉。

有意思的是，近几年用户投入一直处于下降状态，希望获得的收益却持续上升。可以说，**用户一直在追求用更少的时间和费用，获得最佳的娱乐享受和产品体验**。过去，我曾用"用户成本收益账"来表述。

手机市场的变迁，恰恰让我们看到了这些调整：当行业刚刚兴起时，采用粉丝运营、将粉丝的意见和体验感放在第一位的方式会赢得用户的青睐。但当曾经新颖的用户运营方式变成众多企业的标配时，用户希望获得的收益就陡然提升。

观察行业变化，无论是市场还是社交媒体，供应都在变得越来越丰富。那么最值得琢磨的是，当用户处于物质丰富的环境中，什么都不缺时，他们最需要什么？

在这个大背景下，我们才会看到，技术竞争、国潮崛起都是带给用户的额外收益。如果再细细观察，用户也会越来越追求企业和自己拥有相似的价值观。或者说，价值观是用户能获取的可观收益之一。

推力和拉力

用户投入产出比是观察社交网络中无数引爆现象和社群运营变迁的角度之一。"我很可信"追求的是可靠和性价比，正是这个维度的再深入，它还能回答行业变迁的多个关键问题。例如，我和朋友们就曾探讨：

- 新浪领导门户网站多时，为什么腾讯仍能异军突起摘得第一？
- 为什么腾讯成为第一后，今日头条又迅速崛起成为威胁腾讯的存在？

当时我们的结论是，这些行业变化正是由推力和拉力来决定。

新浪是典型的拉力，它一直遵循着陈彤提倡的八字箴言——"快速、全面、准确、客观"，就像一个大型商超用"价格低、货品全、服务好"为口号在街头截流客户一样，拉着用户输入网址浏览新闻。在移动浪潮袭来之前，门户网站在大事件中竞争（如奥运会、世界杯），多以谁最早发布行业重要新闻、发布多少组报道和图片、专访了多少位嘉宾等数字决胜负。

腾讯加入门户网站竞争后，虽然也遵循这一逻辑，但它有一个撒手锏是其他平台不具备的，那就是QQ弹窗，即用户登录QQ后会弹出一个迷你新闻页，碰到重大事件时还会有弹窗随时告知用户。以至于后来行业中有个玩笑，即不管新浪、搜狐和网易如何强调自己的优势,腾讯都以"我有QQ弹窗"来回应。其实,弹窗就像推力,将新闻主动推送到用户面前,比用户输入网址打开网站便捷得多。

社交媒体在移动时代成为超级App后,主导了用户的大部分时间,其中信息获取、社交电商等几大门类直接受益于关系推荐——好友推荐商品和信息,比用户搜索浏览或打开App更简便,这是关系带来的推力。

区别于工具推力和关系推力,今日头条可被归为算法推力:用户无须加任何好友,也不用担心自己的阅读习惯被人诟病,算法会根据阅读喜好持续推荐用户想看的、喜欢看的内容。用户阅读量越大,推荐越精准。算法推力相比维系关系来说更简单。

推力战胜拉力,关系推力又超越工具推力,到现在,算法推力足够和关系推力"掰手腕",一步步都是为让用户节省更多的时间。

当然,我们刻意简化了许多因素和背景,不然这个讨论话题的内容必然庞大到要用一本新书来展开。

顺着这个维度,用户投入产出比可回答许多日常问题,例如观察自媒体及内容变迁,优质专业、具有深度的内容不管何时进入,多半表现很好。

例如抖音美食类视频账号"老饭骨",其视频内容主要为几位退休国宴大师教粉丝做菜,国宴大师从切菜开始就浑身是"戏",用户"收益"满满,它差不多只用了2个月就成为抖音美食类头部账号之一(2019年年底,粉丝数量超过500万)。专业内容能够迅速培育用户的信任,"老饭骨"发现,直播和视频本身就像推荐场景,任何出镜的物品都会被用户主动询问,如抽油烟机是什么品牌、炒菜锅和切菜墩在哪买。借助这些场景,"老饭骨"15 天卖出 2 000 个切菜墩,7 天售出 600 斤花雕酒,甚至一次直播主题为焖米饭,直接售空 7 吨大米。

用户希望躺着就能赢

在模拟平辈的亲密关系这一底层需求中,用户希望企业靠谱、可以承载超强信任,也希望获得更高的收益,这种收益不仅仅指物美价廉、优质服务本身,在当前环境中,这个问题会更多地指向优质服务供应充足,也就是所有企业都开始无条件地"宠"着用户。这时用户投入产出比持续提升,会变成什么样?

2019 年年初发布的小游戏《消灭病毒》占据了我的很多时间,这款产品有很多值得记录的地方,比如这是第一款微信创意小游戏,这个游戏团队也是第一个连续两款产品进入创意名单的团队。同年年底微信小游戏团队公布数据称,这款产品当年仅获得的微信广告分账就超过 2 亿元。深入体验这款射击类小游戏,会发现它的玩法很轻松:如果我连续两三次过不去某个关卡,游戏就会自动给我一个机会,让我体验某种武器的满级状态,或者可能悄悄降低游戏难度,以帮我轻松过关。简单来说,这款小游戏的娱乐感和目标感控制得非常好,用户一般不会产生无法晋级的焦虑。

这和其他类型游戏的体验大不相同。例如，腾讯旗下知名的《王者荣耀》，玩家胜率基本控制在 50% 左右。我用"程咬金"这个英雄角色参与了超过 6 000 场排位赛，胜率是 50.4%，每当我连胜几场，紧接着一定会连败几场。如果一直胜利，系统会判定我的战力和技巧更高，给我匹配更强的对手，直到我失败；如果一直失败，系统就会匹配更弱的对手，直至我赢。这种玩法一直以来被市场所验证，用户在有难度的挑战中获胜，所获得的心流体验最佳。

2019 年 5 月，我和《消灭病毒》的开发商蓝飞互娱的首席运营官周巍聊起游戏中玩家的感受。周巍认为，过去游戏制作人习惯采用挑战型游戏设计思路，依据的基础是用户需要有起伏的心流体验，但这个认知在当下环境中越来越不适用。现在是用户躺赢打发时间的时代，玩家一旦受挫就流失的时间越来越短。

心流是游戏设计者经常提及的概念，常用来测量用户体验游戏过程中的愉悦程度。通常，在有一定难度和挑战的情况下，用户经过努力能取得胜利并晋级，是心流的最佳状态，用户也处于最愉悦的状态。我曾在《小群效应》一书中详细讨论过"够够手的进阶机制"，出发点就是这个。但在当下优质服务供应充沛、碎片化体验的环境中，也导致用户一遇挫折就会随时流失，前往别处寻找自己需要的愉悦感。

没有心流起伏？那应该是什么样子？

这让我想起抖音、百度 App 视频页和网络小说，这些都是过去我在研究"廉价娱乐"这个话题时必然提及的目标场景，结果使用这些产品反而变成了习惯。例如每次打开百度 App 视频页，想的都是看一会儿就关掉，却总是不知不觉地过去了几个小时，有时甚至通宵。网络小说更是如此，估计我一年内看网络小说的时间早已经是阅读图书的几十倍。

在网络小说中，有一个"爽文流"非常受欢迎，占据了网络小说很大的比重，这类小说似乎都遵循着一个标准模式：小说主角总是处于不断被人轻视欺侮的绝对劣势，却又因某种原因而拥有绝对优势的能力。比如神帝重生在所谓"废柴"或"赘婿"身上，兵王回到都市低调协助旧友处理疑难问题，豪门大少爷因和家族嫌隙而独自生活在都市底层……但从第一章开始，主角以绝对优势一路吊打所有欺侮自己的对手，不论对手是某个有着优越感的普通人还是富豪家族、高官乃至种种不同级别的神仙和神帝，直到最后一章，这种差距甚至比诺贝尔奖获得者和刚上幼儿园的小朋友之间的知识储备相差还要悬殊。

"爽文流"和过去读者经常诟病的网络小说"金手指"不同，过去如果主角在故事情节中有无法逾越的难关，"金手指"总是会适时出现，主角强行神奇般地化解危难。读者用"金手指"来评价作者在情节设计上的不合理。但"爽文流"不是，如果说"金手指"背景下的网络小说还有难题，主角还会经历挫折，还需要作者不断构思主角如何通过努力化解不可能完成的任务，"爽文流"几乎就是主角以绝对优势一路横冲直撞而去，没有任何对手可以与之抗衡。

和网络游戏遵循"打怪、努力PK、升级"的逻辑一样，"爽文流"小说也有一个很有意思的逻辑——"装低调、打脸"。主角在每一章中都刻意低调，但总是有对手跳出来无脑挑衅，最后也总是主角以绝对优势、毫无悬念地吊打对手结束，不论这个对手是何等厉害的人物。

有时，读者甚至看着那些无理由的挑衅都觉得好笑，作者怎么会设置这样不可思议、简单到不可能出现的场景？不过谁会在意呢，看着哈哈一笑就可以了。

微信读书的统计数据显示，这类"爽文流"网络小说每天的平均阅读时长为 115 分钟。相比之下，出版类图书每天的平均阅读时长仅为 38 分钟，前者的受欢迎程度约为后者的 3 倍。我也经常在这种愉悦感中不知不觉地开心地看完整本网络小说。

"网剧的情况也与此类似，一些题材特别受部分人群的欢迎。"我和奇树有鱼的创始人董冠杰会面时，他提到，"一些女性用户特别爱看'人人（包括各种霸道总裁）都喜欢我，又撩又甜'类型的网剧，一些男性用户则喜欢逆袭类型的网剧，主角最好是出身草根，无意中身陷乱局，一路吊打各路英豪直到称雄，最后功成身退选择回到小山村过宁静的生活。这些题材使观看者产生代入感，在观剧过程中享受快感。年轻用户越来越不喜欢压抑和挑战性的题材。"

上述观察和访谈给了我们一个参考，即用户越来越不喜欢起伏心流和难题挑战，他们渴望更轻松的体验，最好的状态是：心流从一开始就直达最高点，贯穿始终。

用户希望躺着就能赢。用最低的成本（脑力和时间，无须经历挫折），一路从头无悬念、无门槛地赢到最后，或者从头开心到最后。我借鉴这些说法，将用户投入产出比的极致形容为"躺赢时代"。

从这些描述看，似乎"躺赢时代"在验证所谓的"奶头乐"理论？其实不是，反而在**要求企业和品牌在越发简便的使用体验和低廉的费用背后提供更超值的服务**。让用户用最低的成本（还有比躺着更低的成本吗）就能获得自己想要的服务（还有比从一开始就赢到最后、赢得最大更优的服务吗）。

从这个角度看，我们在前文中提及的"从截流在街头变成截流在床头"，即用户休息时只需简单地操作手机，价廉、质优且丰富的商品就能配送到自家门口，兼具了"多、快、好、省"这四个原本存在冲突的服务诉求，也顺应用户躺赢的趋势。

躺赢时代在不知不觉中已经到来，并且在改写生活和商业。

用户对收益的要求越来越高

用户投入产出比（或说用户成本收益账）是从用户的角度出发，而不是我们习惯思考的企业投入产出比。一方面，用户明确希望支付成本更低，不管是时间还是脑力、金钱；另一方面，收益越高越好，不仅仅是简单的性价比，越来越多的额外收益也被纳入进来，包括那些让人有代入感、让用户向好友介绍时脸上有光的新技术，以及相似的价值观，等等。

2021年9月，我在奇树有鱼创始人董冠杰的微信朋友圈中看到，奇树有鱼出品的《奇门遁甲2》在横店开机。2020年，奇树有鱼从香港导演徐克手中购买版权后改编的网络电影《奇门遁甲》，在视频网站仅发布 3 个月就吸引了 1 720 万用户付费观看，分账 5 638 万元，创下了截至那段时间网络电影的最高分账纪录。董冠杰说，就是因为这部作品在制作上远超观众预期。

董冠杰还谈道，廉价娱乐有一个不容忽视的变化，早年网络电影中只要有龙、怪物等元素就一定有较高的播放量，然而近几年，如果没有好剧本（曲折且不断反转的好故事）、好演员和演技、好特效和制作，网络电影几乎无法产生热度。在这个变化中，用户对成本的要求并没有变化（电脑或手机上免费看网络电影），但对收益的要求已经提升数个量级，要超越用户预期越来越难。

一个不可忽略的基础是：**用户有着自动选择优质服务（优质内容）的能力。**因此，在收益方面超用户预期这件事一旦开启就不会停下来，例如再看网络电影行业，原本许多不接网络电影剧本的知名演员、做传统院线电影的从业者，现在开始重视并投身这个领域，投入的预算也在不断提升。我们甚至可以预见，这个行业的后续变化就是网络电影大制作不断面世，分账收入不断破纪录。

价值观是最好的收益

前文所讨论的华为和小米手机市场第一位置转换的原因，及针对"花粉"的调研，都清晰地指向一点：用户能获取的最佳收益就是价值观。

2021年7月，河南省郑州市连降暴雨，酿成了292人遇难的悲剧。许多企业迅速行动起来驰援郑州。网友们在这一长串名单中发现，2020年亏损2.2亿元、2021年第一季度还负债6 000多万元的鸿星尔克也捐出了5 000万元物资，一下子被感动，纷纷前往鸿星尔克淘宝和抖音直播间及线下门店购买产品。

后来媒体跟进报道，发布了一些数据："鸿星尔克品牌官方旗舰"抖音直播间7月22—23日两天直播涨粉832万人，销售额达1.1亿元；淘宝直播间涨粉超过550万人；线下许多门店被抢购一空。一周后，鸿星尔克发布通知说，大量涌入的订单导致公司系统崩溃，各地仓库售空，主生产线超负荷运转。

鸿星尔克没让用户失望，用户也没有让鸿星尔克在市场上失望。在今天充沛供应和充分竞争的市场中，用户并不缺乏可选择的商品，也不缺乏物美价廉、服务优质的品牌。鸿星尔克自身艰难的情况下仍坚持企业担当，让用户感受到了品牌所秉持的价值观。虽说近年来国潮崛起是市场主流，但这种品牌价值观所传递的精神价值对用户来说更值得拥有。当用户穿着这个品牌的鞋服时，其实也在骄傲地宣称：这个品牌很靠谱，很对我的胃口；我和靠谱的人在一起。

价值观直接让用户越过陌生的阶段，加入主动购买和复购、主动推荐的群体，加入在社交媒体上、在关系中密集发声支持的群体。增长飞轮的两端几乎在一瞬间就构建完成，并已启动。

《冈仁波齐》的价值观营销

国内电影市场一直有大小年一说，用来区分市场表现好与不好的年份。2017 年前后电影市场的表现就可以被归入小年，数据显示 2016 年国内电影市场全年收入为 457 亿元，相比 2015 年仅增长 3.7%；2017 年（总票房为 559 亿元），大部分曾被寄予厚望的商业大制作表现平平，甚至巨亏离场。如果不是 2017 年 7 月《战狼 2》屡创佳绩，当年的市场票房总收入不会太好。

在这样的环境中，2017 年 6 月张杨执导的《冈仁波齐》登陆院线。这部像极了纪录片的艺术电影在当时怎么看都不像能大卖的样子，甚至一位非常权威的业内人士看完试映后，对《冈仁波齐》出品方兼发行方天空之城的董事长路伟预测说，票房收入或将在 200 万元左右。对应这个预测，院线直接给出了 1.6% 的排片比例。如果是这样，这部电影的投资方势必血本无归。

当然，现在市场已经给出答案，猫眼电影提供的数据显示，总计 7 万余人给《冈仁波齐》打分，得分为 8.8 分，累计票房过亿元。

我在 2018 年 5 月曾拜访路伟，他复盘该影片的宣发过程时提到的实际核心数据比想象中简单。路伟说，这个结果其实是 400 个超级用户和 1 000 场包场带来的。

几部由路伟参与发行并取得良好成绩的电影，如《大圣归来》《喜马拉雅天梯》《冈仁波齐》，都采取了同样的发行策略——众筹。对商业大片来说，这个策略没有什么用，但对于小众电影，众筹可提供根本性的帮助。一共有400个用户参与了《冈仁波齐》的众筹。

路伟回顾，首先当然是包场和由此提升的排片比例。2017年6月，我几乎被对这部电影的讨论包围，包括新东方创始人俞敏洪、高瓴资本创始人张磊等在内的许多公司高管纷纷包场邀请好友或者员工看这部电影。上映之初，这些关键人物至少发起了300多场包场。到下映时，总包场数已过千，院线排片比例也从1.6%上升到6%。

其次是"自来水"现象（用户自发为影片转发、推荐），这400位参与众筹的用户不遗余力地传播扩散发行方撰写的100多篇文章。路伟曾在一次采访中对媒体说，一般票房上10亿元的电影，宣传团队不过几十人，可见这400位众筹参与者密集扩散所激发的能量有多大，甚至《冈仁波齐》在广州、深圳等城市户外大屏的广告都是众筹参与者的自发支持，"他们像这个项目的工作人员，天天为这个电影的宣发出谋划策，摇旗呐喊"。

在前文提到的三部电影中，89人参与了《大圣归来》的众筹，取得了9.56亿元票房，分别有400人参与了《冈仁波齐》和《喜马拉雅天梯》的众筹，《冈仁波齐》的票房收入约1亿元，《喜马拉雅天梯》虽为国产纪录片，也拿下了1200万元的票房，远超其他同类型影片。

路伟看到，从新浪微博到微信朋友圈，再到微信公众号和微信群，此后还有更多社交媒体形态涌现，用户阅读和分享渠道的变化实在过快，在这个大背景下，通过互动使影片和观众之间形成亲密关系（他称其为产品社交和交易社交）的需要变得越来越

躺赢时代 | 129

普遍。

电影众筹有两大特点：一是使用户和电影之间形成了亲密关系，二是实现小群体密集传播和扩散。密集扩散的价值早已不言而喻，无须重复。而且可以看到，大部分票房不及预期的商业电影遭遇滑铁卢，都是因为电影和观众之间没有形成亲密关系，只看到发行公司单打独斗。在路伟手中，通过众筹使用户和电影之间形成亲密关系，将难被普遍认可的小众电影转向大众可产生共鸣的方向。

只是，一定要塑造好价值观。

刚提及的三部电影中，《喜马拉雅天梯》一直在提醒观众："不是每个旅行都能说走就走。"现实中很多知名登山者都在强调：如果没有背后的严格训练、资金支持，根本无法登上喜马拉雅山。在专业登山者的故事中，也都记述着个人需要如何努力，才能取得什么样的成果。这是角度带来的差异。

《冈仁波齐》也将价值观分为三个阶段，第一个阶段是"我们都在路上"，本意想表达宗教和神山的直接关系，但正是这句话率先在创业圈引发共鸣，被高度认可。很快，该影片往大众市场覆盖时，第二个阶段和第三个阶段传递出的信息转变为"在前方遇到更好的自己"和"人生没有白走的路，每一步都算数"。

就连动画片《大圣归来》，也将姿态放在"也许自己不完整、不完美"这个角度，喊出"一个需要英雄的时代"这句口号。

将价值观凝练为营销口号提出，可以在观众和影片间形成情感共鸣和关系纽带。

到《大圣归来》众筹时，多位众筹参与者要求将被安排在片尾出现的自己的名字替换成子女的名字，他们对路伟说："希望在孩子长大后能告诉他们，你们小时候就已经投资了一部非常优秀的国产动画片。"想让他们也能时时感到自豪。

超级竞争者

和关系变迁影响着社交网络一样，用户投入产出比也在发挥类似的作用。回顾《即时引爆》一书中所讨论的"引爆四大定律"，第一个就是短定律：用户投入的时间越短，收获越令人愉悦，就越容易引爆。这个定律在未来一段时间内仍然有效，即用户投入产出比越高的产品，企业投入产出比越高，经济效益越好。

除性价比外，用户用更低的成本获取更多的额外收益后，会造就（或强化）一个特别的现象，我们可以用"超级竞争者"来形容。

仍然以《消灭病毒》为例，这款小游戏的流水超过 3.5 亿元，分成达到 2 亿元。这个成绩在微信小游戏 2019 年度排名第一，能够达到相似量级的产品寥寥可数，从微信公布的数据看，仅有小游戏《动物餐厅》的最高月流水达到 5 000 万元，其他射击类小游戏更是难望其项背。类似还有，华为和小米分别成为国内乃至全球手机市场上的超级竞争者。

社交网络本来就提供了一种保护机制，当一个产品在社交网络上快速爆发时，关系链会保护这个产品，让相似竞争对手很难再进入。而在亲密关系和超级用户范畴内，超级竞争者（品牌借助超级用户赋予的力量成为行业内强有力的竞争者）所拥有的竞争力更加长远和稳固。

现在，巩固企业的因素中有了一个新成员——让用户自豪的价值观，或是用户"躺着"能获得的最佳收益。

扫描二维码
欢迎和我随时交流

扫描二维码
购买配套私域增长课

07
第二种亲密关系：
我很可爱

用户面对参与养成的品牌，会越发偏爱与投入。当企业希望用户视品牌如己出时，会展现自己快速成长的一面，也可能展露出造成巨大负面影响的一面。

让用户视品牌如己出

2019年5月,我在蔚来汽车上海总部体验了一次电动汽车ES8陪驾,当时车子在一段数百米空道上从静止状态陡然提速,巨大的推力让我往后一仰,心脏瞬间悬起,我不由自主地紧紧抓住门把手。停车后,带我体验的张羿迪得意地扭头看我:"感觉怎么样?"

我们是在腾讯工作时的老同事,他于两年前加入蔚来汽车,出任用户数字产品部高级总监。这次特意上门拜访,是想讨论一个他曾提问我的问题:"新品牌、电动汽车、价格还挺高,这样三个不利因素叠加,我们应该怎么卖车?"

其实对于这个问题,蔚来在市场上早有答案,而且张羿迪也曾给出自己的思考。那还是2019年年初,在昆明一次"水滴产品营"的深度学习中,张羿迪提及蔚来汽车的运营策略,他用一句话概括了自己正在做的事情:"让用户视品牌如己出。"

正是这句话驱使我拜访蔚来。如何让用户视品牌如己出?这句话是如何深度地影响蔚来汽车的新车销售的？

2017年9月的一天,蔚来汽车包括高管和总监在内的37人聚集在大会议室,等待新任用户数字产品部高级总监张羿迪公布新App产品提案,当天他们每人都要参与投票,确定公司和用户接触的新方式。在这之前,蔚来官方App仅包含官方新闻、评论等基础功能。

这时张羿迪才离开腾讯加入蔚来汽车不久。公布提案之前,他先和首席执行者李斌讨论过两次思路,第一次他提议将App聚焦于工具方向——聚焦车辆服务、使用和售后。这一思路直接被李斌否定,他建议转向社区,即在企业和用户之间形成伙伴关系。李斌认为,App除了帮助企业卖车、协助用户了解车辆信息、完成购车的所有流程和服务外,还必须负责蔚来用户整个用车周期内的所有相关事务。

张羿迪按这个思路将团队拆分成两个小组,分别就不同方向深度调研和讨论了三周时间,各自形成成熟的方案,也就是这次将要在会议上宣讲和请大家一道决策的两个方案。它们其实有诸多相似之处,都是将用户运营和用户关系维护作为基础存在。差异在于,第一个是偏生活方式的社区方案,不仅讨论蔚来汽车,还讨论这辆车给用户带来的更多生活方式的变化;第二个是偏汽车专业的社区方案,即聚焦车辆使用本身的社区方向,就像"汽车+论坛",只聊汽车本身,不涉及其他。两个方案看起来都没错,因此格外难选,与会成员们投出了18比18的票数。

只剩李斌一票,他选择了方案一,也就是今天我们看到的蔚来App的样子。

李斌在会上说，蔚来汽车应该采用全员跟用户互动的模式，也就是蔚来的所有员工都有义务和责任在这个社区中与用户互动、帮助用户解决问题。基于App，企业员工和用户需要建立紧密的联系。这句话背后的认知不知不觉让蔚来像当年小米推动粉丝文化一样奠定了一个新行业基础：**用户与企业之间建立了某种亲密关系，双方的良性互动会成为企业的核心资产。**

今天行业内有企业驱动消费者，也有消费者驱动企业，但若两者相互驱动，一定会让企业的产品和服务更好。

张羿迪为此先将面向用户的市场、销售和售后岗位做了第一批标识和开放。借鉴华为和小米两大手机团队功能迭代、版本改进的策略，用户提出的意见或建议会被迅速关注和跟进。例如，蔚来副总裁曾带队面访吐槽悬挂系统不好的用户，并根据对方的建议重新调整；海外的自动驾驶团队来国内约活跃用户见面，以优化自动驾驶功能、改进车机软件产品方案和优先级。

而在实际工作中，即便公司高管已经投票确定用户关系管理和运营方向，新做法仍然未被大家接受。另一位参与投票的重要部门总监就曾约张羿迪进行了一次严肃的谈话，这位总监说：

> 世界上没有任何一辆车是完美的，蔚来的车也不完美。
>
> 新车上市后会暴露出不少问题，App改成偏社区的方向后，用户吐槽的问题都会在社区集中暴露出来，并被所有人看到，继而引来大批媒体报道。这会对公司品牌、声誉甚至订单造成很大的负面影响，严重时公司可能因此承受

巨大的压力。

他的话有没有道理？当然有。张羿迪追踪一段时间内公司在媒体环境中出现的负面报道，发现大部分媒体所引截图正是来自蔚来App社区。但这个版本当时还是按计划上线，蔚来内部要面对新的现实：如果用户提出了问题，甚至吐槽，该用什么方式回应？

这个问题最终以流程解决，用户可能提出的问题被先行归类，每个类型都对应一个部门接口人，员工发现问题后第一时间转给接口人，了解情况后再给出回答。

坚持了一年多以后，先前那位总监再度找到张羿迪。新版App上线如预期一样给他带来了更大的压力，但他也看到了这个方向带来的帮助，他的态度变成："不是不应该做社区，而是社区还没做好，还能做得更好。"

因为公司内部看到了越来越多的乐观情况。蔚来汽车ES8于2017年12月16日宣布发售，第一批交付则要等到2018年6月。在开售之前，蔚来App社区内云集了几万用户，这些用户很多交纳了意向金——不是小订，也不是继续排队等待试驾，而是直接交付大订。

今天用户购买一辆蔚来汽车，大概分成三个环节。第一个环节是支付一笔意向金（这被称为小订），最早为5 000元，现在早已调整为2 000元，用户随时可以反悔并拿回这笔钱。明确想要购车后，就进入第二个环节，即再交纳一个大订（最初为4万元，现在也调整到2万元）。第三个环节就是提车时补交剩余款项。在还没有推出新车试驾前,交纳小订的用户很多,交纳大订的用户并不多,大部分人仍持观望态度。等到试驾开始后,很多用户都在 App 社区发布试驾体验报告,这些信息被迅速放大,观望者看过试驾用户的体验报告后大多直接交付大订。

"试驾过的人在社区谈产品体验,让观望者连试驾都不用就直接下了订金,这就是社区的力量。"

2018 年 6 月,蔚来在微信上试点,为每位车主构建一个专属服务群,每个群包括用户、销售、客服(2 人)、交付、城市总经理、售后(2 人)、加电,群内 8 个工作人员都围绕用户提供服务。

这一尝试马上取得了很好的效果,张羿迪惊喜地看到同行们纷纷跟进,提供专属微信群服务。于是他忙不迭地在年底实现产品化,正式上线到蔚来 App,顺便还将专属群范围扩大,即用户交纳了小订后,系统就自动围绕他建立一个 9 人小群。同时,专属群以及"专属 Fellow"(长期服务对接人员)被置顶在 App 的通讯录(朋友)上。

以前专属群只服务蔚来车主,服务范围是用车、售后服务、加电。专属群服务范围前置到交纳意向金的用户后,把购车过程中遇到的问题也包含进来,直接提高了转到大订环节的比率。

这种"让用户视品牌为己出"的做法带来了几个不一样结果:

- 2019 年,蔚来汽车新车销售量的 45% 来自老客户转介绍,其中转介绍数量最多的一个车主介绍了 50 位好友购买蔚来汽车;

2020年新冠肺炎大流行期间，用户转介绍率一度升至70%；2021年转介绍数量排名第一的车主一人转介绍成功160辆。
- 车主中，深度参与蔚来汽车社区活动和日常运营的比率达30%。在蔚来社区，浅度、中度和深度参与社区运营的用户比例为1∶6∶3。
- 深度参与的用户一年中在App连续签到超过300天。连续签到时间最长的一位用户从App上线第二个月便开始签到，至2019年3月连续签到超过600天。

我认为，30%的用户深度参与、45%~70%的成功转介绍率也是帮助蔚来汽车接下来度过至暗时刻的基础。

就在这次拜访后，先是2019年6月蔚来汽车因电池自燃隐患召回4 800多辆ES8，后又在9月24日发布了糟糕的第二季度财报，公司净亏损额约32.86亿元，环比增加25.2%。这让蔚来股价从6月的每股4美元一路下挫，到10月初跌至最低点——每股1.19美元，即将触达退市边缘。同时伴随着裁员及许多未经证实的负面消息流传，就连李斌也被媒体戏谑为"2019年度最惨的人"。那时看媒体报道，似乎这家公司完全被阴霾笼罩。

但很快蔚来汽车就走出了低谷。11月4日，蔚来汽车公布新车交付量数据，10月共交付2 526辆，是2019年年初以来交付量最大的一个月。紧接着，蔚来宣布和英特尔旗下自动驾驶技术公司MobileEye达成战略合作、新任首席财务官到任等消息，股价不断回升。到2021年，蔚来在上半年就交付41 956辆新车。

这些都是后来发生的事情了。

张羿迪判断，10年内，用户关系（或者说伙伴关系）运营会成为新的企业标配。未来商业也会变成基于产品和服务的社区或社群。他干脆将这个策略称为"用户主义"，以和今天重视产品经理的文化区分开。

在这一背景下，品牌和用户之间从早期的品牌单向传播（企业通过媒体发布信息，用户单纯观看和接受）过渡到粉丝文化（用户参与测试和改进产品或服务），再往下发展会进入品牌共建、品牌共有阶段，即用户和企业共同建设新品牌、推出新产品或服务，而商业只是结果，如图7-1所示。

图 7-1　用户与品牌之间的关系演进

蔚来汽车如今所注重的全员关注用户建议，并快速跟进产品功能和体验改进，更像是这一演进的第二阶段。相关部门都围绕单个用户独立建群,快速跟进,提供重度且个性化的服务,更像是第三阶段。基于这些服务,企业和用户形成更亲密的关系,而企业与品牌就像是用户的孩子,备受珍爱和关心。

越亲密,用户越偏爱和投入

《村落效应》一书曾提到一个有趣的实验:雌性猕猴容忍其他猕猴盗取葡萄干储备的时间长短取决于它们的关系有多近。母亲对女儿最慷慨,接着是祖母和孙女,然后是姐妹之间,最后是女性亲长和侄女。其他一些灵长类动物也是如此,母亲偏心女儿,姐妹之间也乐于分享食物,等等。

我们从中读出亲密关系对分享和关怀的影响。越亲密,长辈越更多地容忍和关爱自己的晚辈。

互联网产品在用户和产品之间模拟某种关系,本就是一种高明的策略。尤其是当企业以晚辈(犹如子女)姿态和用户模拟建立起亲密关系,就像是用户从小养成那样,背后的威力更大。

百度百科记录了 2017 年年底日本游戏公司 HIT-POINT 研发的手游《旅行青蛙》:在游戏中,旅行青蛙出不出门、什么时候出门、什么时候回来都是随机的。基本上 80% 的时间青蛙都不在家。玩家永远不知道它在想什么、会做什么、什么时候回家、什么时候远行、中途遇到谁、发生怎样的故事,他们所能做的就是收割三叶草、为它收拾好行囊这类事情。

旅行青蛙更像是独立的个体，有着自己的思想、性格和行事主张。玩家根本没有办法左右它的行为，而只能作为"结果的被动接受者"，去理解和消化一只青蛙的所作所为。《旅行青蛙》有别于传统电子游戏对人性操控欲、竞争欲的迎合，玩家在其中完全是"听天由命"的状态。

有意思的是，看起来像比做猫奴还要"不堪"的游戏，却在国内火爆得一塌糊涂，玩家纷纷形容自己像是养了一个"儿子"。如果青蛙很长时间没回来，玩家会担心它在外面挨饿没有、究竟去哪玩了、何时回来；看看邮箱，看青蛙有没有给自己寄明信片；看到明信片上它有了新朋友，也会感到欣慰……这可以被称为"父母心态"。模拟形成这种父母与子女之间的亲密关系后，用户的黏性和热情一下子得到释放，并因此风靡一时。蔚来汽车和用户模拟、缔结形成的也是子女与父母之间的亲密关系，这些用户行为特点或许是源于蔚来主动将自己定位为子女，希望用户视其如己出。

《旅行青蛙》的创作者在日本接受采访时说，策划这款游戏的初衷更像是"养一个丈夫"。的确，很多女性朋友抱怨，和丈夫在一起就像是养儿子一样。

掌通家园创始人叶荏苒在一次分享社群、亲密关系和超级用户等话题的会议上提到了一组数据，恰恰呼应了上述现象：每个幼儿园小朋友平均会有 3.68 个家长绑定，付费用户（家长）平均每天登陆 17 次，每次平均使用 2.5 分钟（每天活跃时长约 45 分钟）。家长每天上传的小朋友的照片至少 300 万张，每天分享至朋友圈的次数超过 20 万次。每年临近入学阶段，这款 App 的下载排名和活跃度甚至超过微信。

叶苣芊现场向创业者提出一个问题：假如有一个功能，可以随时看到孩子在幼儿园的视频直播，家长会愿意付费吗？现场几乎所有人都举手表示愿意。公开课检索到的数据是，2018年11月这个功能为掌通家园带来了3亿元收入。

另一个例子来自为3~12岁儿童提供口才培训课程的创业团队言小咖，创始人杨垒提供给我一个他们招收不同数量学员所用的时间记录：

- 招收前50名学员用时9个多月；
- 招收第51~100名学员用时不到6个月；
- 招收第101~200名学员用时5个月；
- 招收第201~300名学员用时缩短为4个月。

实现这个速度和他们当时采取的获客策略有很大关系：团队会将每位小学员的学习过程，加上面对面访问，剪辑成一段视频。杨垒发现，家长们面对这样的视频没有任何抵抗力，分享转发率是100%，平均每部视频有效播放量为150次，能覆盖影响周围至少100人，这也几乎是家长们能覆盖的最大相似和亲密人群范围。

口才培训课程天然有地域属性，通常客群只能是门店所在地周围5千米内的儿童。恰好，家长们分享转发视频所产生的传播具有这个特点：如果身边有几位家长都购买了这门课程，并在朋友圈和群中晒出视频，那么更多有相似需求的家长会跟进付费购买。同一区域内分享的家长越多，被影响、转介绍的新学员也就越多。

此前，言小咖所在行业的获客成本至少占据收入的 50%，即每吸引一个学员就要有半数收入花在营销推广上。现在，通过这些分享，杨垒在一年时间内覆盖了附近 34 所幼儿园、13 所小学的 22.5 万名目标用户，投入仅仅是员工拍摄和制作这些视频的时间和人力成本。

这几乎是在重复我们前文提到的新增长飞轮：区域内家长们的密集分享，会带来家中有相似年龄段儿童的家长的社交同步。

在这几个小案例中可以看到，人们不仅在关心自家孩子这件事情上非常舍得投入，除去关爱、时间和金钱，还会时常变身为"晒娃狂魔"（密集分享）。

轻互动与提频

我们还要再度回顾张羿迪提出的那个问题："新品牌、电动汽车、价格还挺高，这样三个不利因素叠加，我们应该怎么卖车？""让用户视如己出"和背后的模拟晚辈的亲密关系更完美切合了新品牌。实际上，张羿迪的这个问题还对应着一个行业大难题：高价低频的产品和服务如何将用户购买这件商品的时间点变成长期亲密关系的起点？也就是说，高价低频行业怎么做私域？

蔚来选择偏生活方式的社区方案，以及从用户小订开始就单独拉群的策略，让用户与蔚来保持长期关系的不仅仅是汽车本身，还包括工作和生活的方方面面。从购买这一刻开始，长期服务就有了存在的可能。更多的交流和沟通方式在直接提升双方的互动频次，也在增强两者的亲密关系。

将用户购买的低频升级为互动高频，这其实是面向私域的最经典思路。我们至少会看到两种借鉴：一是运用关系及背后的轻互动，二是提频。

从 2020 年 4 月到现在，我和腾讯广告部门的产品经理们一直保持着对话，腾讯广告是在业界私域运营的基础平台之一。

这几年，广告投放是帮助品牌覆盖更多潜在用户的最常用策略，也是私域用户的最大来源。见实研究很多品牌企业转向私域运营的案例后看到，最多只有 10%～30% 的现有用户能添加品牌的企业微信，或进入微信群，转化上限非常明显。广告就是在帮助企业破除上限。从 2020 年开始，在许多品牌传递到广告公司的诉求中，投放预算不断向用户关系沉淀、亲密关系达成等方向倾斜。按当时的话来说，就是"公域+私域""将用户沉淀到私域流量池"。

产品经理卡特告诉我，在品牌和陌生用户建立关系的策略中，有两个最实用：一是借助关系，二是轻互动。他以国内汽车行业为例，说明这两个策略是如何发挥作用的。绝大部分汽车品牌一直面临两个问题：去哪找且找到对的目标人群？如何将他们转化为用户？因此，汽车品牌一年内投放于社交媒体的预算，有 70%～80% 用于集采、收集和分发用户销售线索，规模至少在

80亿元。

过去车企重度依赖资讯平台聚集感兴趣的人群，现实生活中很多用户不单单关注垂直汽车网站和浏览行业信息，还关注汽车外观、使用体验等。蔚来、特斯拉、理想、小鹏等为代表的电动车品牌早早开始了重度运用关系的获客方式，这也给了车企许多启发。

在一次与车企的合作中，腾讯广告旗下"车讯达"团队搭建了一个小程序，他们发现，在还没有广告正式推广前的测试期，用户即已在这个小程序与销售人员进行了4万多次沟通，留下了4 000多个真实有效的客户线索。车企进一步分析这些用户所留的资料后发现，和曾经在自己的用户系统、传统渠道所获得的资料相比，重合度只有8.7%。

详加比对可见，基于关系的推广方式，线索综合成本只有传统路径的30%，并且关系渠道给车企提供了更多、更广泛的用户留资。

2020年1月腾讯广告部门发布《2020中国"社交零售"白皮书》，其中两组关键数据所揭示的用户行为变迁，对后续许多广告投放案例都有重大影响。其中一组数据是：82%的用户在进入渠道前就已做好购买决策，77%在购买前后主动裂变，还有19%忠诚复购。在这个案例中，卡特同样看到：车企做微信朋友圈投放广告时，素材没有明显的卖车行为，但借助亲密关系和提升点击小程序的用户体验，可以实现直接销售和卖车的创新。

在这个小程序中，最早的数据来源就是关系：用户线索来源于销售的自发分享。

另一组值得关注的数据是，在一个月内，25%的沟通和线索、确定的商机是单对单沟通所发起的。

在重决策的需求和服务中，用户会重度依赖专业导购的力量——即使是在熟人推荐越来越重要的今天。

因此，车讯达团队在小程序上增加了一个功能：用户可以随时和销售人员发起一对一的沟通。数据也很快发生变化：一些4S店当月就实现了销售量3倍的增长；原本用户需要三四个月做出购买决策，决策时间也越来越短。

卡特追踪了更多行业的社交广告转化效果后，发现轻互动广告形式带来的转化更多。以一个珠宝行业的投放案例为例，展现在用户面前的素材就像是一个"装有情书的信封"，用户需要点击打开才能看到。就这么一个小动作，使标价2.7万元的项链三天内售罄。在整体数据中，轻互动广告的互动率至少提升了1.4倍，如果素材中包含大众喜爱的明星，互动率甚至提升至27倍。

关系带来关系，轻互动则在陌生用户和企业之间建立了第一层联系。真人、即时、专业沟通显然是建立这一层联系的开始。这也是腾讯广告部门在聊起关系运营时强调"温度"的原因：没有什么比真人在第一时间提供专业响应来得更有温度了。

在另一种借鉴中，提频是指增加品牌和用户的接触次数。蔚来采取的是群内互动、更宽泛的生活讨论，卡特采取的是更轻量的广告互动投放。而在业界，其他高价低频类的服务企业多聚焦内容创作，以内容的扩散来覆盖更多的潜在用户，或者推出中间状态的轻服务，如教育行业大力推广9.9元体验课并大量投放广告来吸引潜在用户，家装行业多采用199元轻咨询、轻顾问服务等方式进入用户好友列表。

告诉用户，我在时时成长

若企业要从晚辈的角度出发和用户建立亲密关系，首先需要传递给用户一个关键信息："我在时时成长。"

有一次我和老同事们在腾讯离职群里讨论 35 岁职场现象，谈到"中年"这个话题，我的老领导、腾讯前总编辑李方发了一篇随笔给我们看，他在里面这样写道："我从来没像过去一年那样关注女儿，注意到她每一个点滴变化。女儿中考成功，可能是我有生以来最快乐的事，远远比我当年考上大学高兴得多。"

过去 10 年，我也从一个单身汉到步入婚姻殿堂，再到成为两个孩子的爸爸，恰好贯穿了《社交红利》《即时引爆》《小群效应》再到本书的写作过程。修改这个章节时，得米已经 8 岁，曼迪也即将 3 岁。我对李方这番话感同身受。还记得第一次见到刚出生不久的得米时，襁褓中像小猫一般大的宝宝朝着我咧嘴一笑，瞬间让我感受到内心的情感在融化，幸福满溢，恨不得天天抱着她。

现在曼迪也慢慢长大，我每天看着两个宝贝都开心得不行。后来一位朋友笑着说我："志斌，你有没有察觉，你和女儿说话时和平时不一样？"他模仿我和女儿说话时的样子，声音努力柔和下来，不敢粗声大气。有时想想，为人父母最开心的是什么？正是看着子女一点点长大。品牌和用户模拟子女与父母之间的亲密关系时，关键也正在于让用户感知到企业在时时成长、快速成长。

到今天，采用面对面需求调研、观察用户行为、邀请用户提前试用、搜集意见建议等策略，早已成为社群运营和产品研发改进的基础。但站在亲密关系的维度看，这些结果都不重要，重要的是透过这些基础策略让用户感知到企业在不断成长和进步。

在拜访天音互动首席执行官刘国瑞时，我和他聊到明星和粉丝之间的关系。天音互动是国内一家非常强劲的粉丝经纪公司，在写作本书时，我也寻求这家公司帮助进行了一个大型明星粉丝调研。在这次沟通中，刘国瑞说：粉丝虽然很关注艺人的作品质量，但相比之下他们更关注自己和艺人之间的关系定位。

比如有些粉丝定义自己是妈妈粉（像妈妈一样呵护艺人成长）、老婆粉（非常介意经纪人炒作艺人恋情，要求艺人不能有情侣），这都是粉丝自己确定的和艺人的关系。在这个关系定位下，艺人推出新作品后，粉丝首先关心的是：我购买的这个作品上面会不会有签名？如果没有，粉丝就不会购买。

同样在这个定位下，粉丝这样看待着自己"养成"的艺人：**有没有不足不重要，是否完美也不重要，重要的是与我的关系是否亲密。**

对艺人来说需要做什么？**首先要做的事情就是让亲密的人看到自己在时时成长。**

"我在时时成长"的用户运营策略更多地出现在明星养成类节目中。从湖南卫视 2004 年开始举办针对女性大众歌手的选秀节目《超级女声》，到 2005 年 12 月于日本成立的 AKB48 女团，乃至后续诸多选秀节目，都能看到这个策略的身影。在和一位在韩国娱乐公司工作的华人朋友聊到这个现象时，她告诉我：节目通常会"告诉"观众，大家都是制作人，投出的每张票对这些孩子都很重要，能够决定他们能否出道。以前练习生每隔一段时间会把自己的学习进展汇报给公司，现在则通过节目和公开表演汇报给观众，让每位观众看到他训练过程中的挫折、成长和进步，力图呈现更多的细节，练习生也在节目中不断地与观众互动。

就像观众在从零开始将一位青涩的练习生"养成"大明星一样，这也造就了当下非常显著的流量明星现象。有意思的是，在"养成"氛围的明星生态中，若有年轻明星在参演影视中因演技不足而被批评，我们总会听到一句非常经典的、来自铁杆粉丝们维护式的反问："你没见他有多努力吗？"这句话虽然也承认其演技仍有差距，但重点是在强调成长——外人看到不足，亲人看到孩子的快速成长。

半成品时代

我应邀去杭州参加首席营销官峰会时，遇见同为分享嘉宾的唯品会副总裁冯佳路，他在现场讲了一个案例。2017 年年初，电视剧《三生三世十里桃花》热播，唯品会投放了贴片广告，结果设置的声音有些大，被许多用户在新浪微博和微信朋友圈中吐槽，说深夜差点儿被广告声吓到。唯品会赶紧进行调整，一开始也不知道多大声音合适，干脆调为静音，还为此增加了一页素材——"此时无声胜有声"。更新后引来更多的用户吐槽，说还以为是电脑或者手机坏了,原来用户将这个广告进度当成了某个节点,声音响起时就表示正剧即将开始。在这样"被吐槽—调整—再被吐槽—再调整"的过程中,唯品会反而意外吸引了用户关注,使这次贴片广告的转化率大增。

几年后再想起这件事,我去微博搜索,还查到了当时许多用户发布的吐槽信息,以及调整为"此时无声胜有声"后用户发出的弹幕截屏。看到许多用户称赞唯品会有个性、萌、很会玩,甚至直接说被它圈粉。

冯佳路借此和圈内同行们讨论:是不是"营销人员不再像以往那样被需要"?他甚至提出了一个观点,认为**"广告可以并应该就是半成品"**。在一次又一次的互动中,企业跟进用户建议,快速响应和迭代,与用户缔结形成了不一样的关系。这种关系虽然没到亲密级别,但相比过去单纯投放广告也增强了不少。更重要的是,用户今天允许半成品广告素材出街,并愿意参与半成品的改进过程,就像明星被"养成"那样。

似乎存在一个悖论

我们在前文中曾讨论"超强信任",即超越预期的优质产品和服务促使用户给予企业更强的信任,从而长期复购、强力推荐给好友,甚至将自己的某些情感(如对国货的厚望)寄托在上面。但在这里,我们突然又看到了"有没有不足不重要,是否完美也不重要"这样的结论。

这是不是一个悖论？

差别只在模拟关系的不同。在超强信任中，企业和用户之间的关系像兄弟和伙伴间的平辈关系，企业每次提供的服务都要使用户感受到对方值得自己信任。就如华为手机粉丝回复的那张关键词云图显示的，用户更在意高品质的产品、超预期的服务。而在用户像父母长辈的情境中，面对自己"养成"的艺人或品牌，赋予更多的爱还来不及，哪里舍得苛责？

企业与用户之间模拟亲密关系，会带来用户活跃和转化这一质的飞跃。模拟不同的亲密关系，用户的宽容度和参与度也不相同。从现有关系看，模拟父母子女之间的亲密关系，用户的宽容度最佳。当思考如何用一句更通俗的话形容"让用户视如己出"时，我干脆选择了"我很可爱"。

08
新品牌特权

新创品牌和团队特别适合模拟站在晚辈角度的亲密关系,并衍生一个特别现象:在超级用户的呵护下,新创的企业和品牌似乎有一种特权,用户愿意包容它们的"小错",以陪伴其持续成长。

对170个艺人后援会的调研结果

在其他领域，用户参与从零开始"养成"一个品牌尚属前沿，但在娱乐产业，此类案例非常常见，尤其是粉丝"养成"艺人的现象。研究亲密关系、超级用户对品牌成长的帮助，必然先了解这些。

2019年年底，我前去拜访天音互动首席执行官刘国瑞，请他们帮助我理解这个既熟悉又陌生的行业。天音互动在艺人经纪领域有非常强的影响力，和许多艺人及后援会密切合作。我们的话题从运营展开——后援会和粉丝怎么深度影响自己喜爱的爱豆（网络用语"爱豆"源于"idol"的音译，是粉丝对自己喜爱的明星的通称）。

刘国瑞先给我讲了一个小故事：天音互动在2019年3月为歌手周深举办"深时深刻"主题音乐分享会，特别找到一家品牌赞助商合作，观众购买音乐会VIP门票后可免费获赠该品牌代金券。团队最初认为，作为附加的免费福利发放给粉丝的代金券应该会受到欢迎。没想到活动上票后，周深后援会代表粉丝对此强烈抵制，拒绝任何与音乐分享会及周深无关的产品与门票相关联。工作人员解释说，代金券只是作为免费福利赠送给购买VIP门票的粉丝，是额外利益的增值。可是粉丝们依然认为，该品牌跟周深没有任何合作，并且其产品与周深本人定位不符。

这次活动前后的沟通其实反映了一个艺人运营的基础规则：除非艺人代言了某一产品或与产品有相关合作，否则任何门票售卖及赠送都不应与产品挂钩。

刘国瑞的感受是：这是粉丝自发的对艺人的保护和维护，事无巨细的程度甚至远超工作人员。工作人员或许会有些疏漏，但粉丝不会。粉丝为爱豆所做的事情非常细致、全面，包括固定地为爱豆刷话题，频频推上新浪微博热搜位置，每日关注并稳定各项数据，确保爱豆在各个数据平台上的热度。如果爱豆代言了产品，还会协助控评和购买以实际支持。

例如，杨超越后援会不仅帮助她在《创造101》中以第三名出道，还帮助她争取到许多代言。2018年9月，杨超越代言小豹AI翻译棒，粉丝们就用购买行为推动这款产品创下销量纪录，证明了杨超越的带货能力——小豹翻译棒上市百天销量超10万个。仅9月19—28日让杨超越代言小豹翻译棒的广告登上纽约时代广场大屏面对粉丝的促销活动，就带动销售额突破200万元。甚至在猎豹移动2018年第四季度及全年财报中都有所体现：当季财报中，小豹翻译棒收入环比增长193%，销量环比增长176%。

天音互动在日常工作中会梳理一份名单，即对艺人影响较大的后援会有哪些，我看到一份长长的列表，影响最深的后援会至少有 28 个。如果用百分比来衡量，这些后援会的影响深度超 90%。

在这份长长的名单中也有周深后援会的身影。鉴于周深为音乐属性的艺人，粉丝为他在各大音乐榜单站台、投票，以帮助周深增加综艺节目的邀约。在粉丝的帮助下，周深登上了 2019 年福布斯中国 30 岁以下精英榜，并在各大主流音乐榜单上稳居前五。

今年我无意中刷到了周深在 2020 年参加《歌手·当打之年》第八期时翻唱《达拉崩吧》的视频，刚看那一刻惊呆了，才反应过来我曾听刘国瑞讲述过他的案例，也因此理解了为什么粉丝们这么爱护他——周深在这个节目中可谓星光四射。

就在 2019 年年底的那次会面后，天音互动再对 170 余个年轻艺人的后援会进行了一次深度调研，以观察粉丝日常是如何成就爱豆的。一个多月后调研结束，刘国瑞将结果分享给我。

调研分为几个角度，包括粉丝投入费用构成、所花费的时间、粉丝对明星代言品牌的支持、重大事件的表现等。我们从中看到了几个令人感到震撼的数字。

首先是费用，粉丝们普遍愿意拿出自己收入的 25%~30% 为爱豆消费，通常以为爱豆打榜、参加重要见面会等方式消费。超级粉丝愿意拿出自己收入的 50%~55% 为爱豆消费，一些超级粉丝会跟随爱豆的每个行程、为爱豆应援、购买爱豆的周边产品，甚至还有小部分粉丝入不敷出，通过透支信用卡为爱豆消费。粉丝的重复购买率高达 83%。

在花费去向中，单个粉丝支持明星多聚焦在打榜—公益—活动—广告—追行程—见面会—送礼等环节，消费最高的环节是追行程（包含路费、住宿费、活动门票等）。后援会消费最高的环节则是应援，如支持打榜、采买应援活动所需的物料、直接与商家协商购买各类花式应援服务。

调研结果显示，粉丝购买爱豆代言的商品、引导好评等行为早已成为其主动行为。例如，2018年蓓昂斯品牌与艺人季肖冰合作后，在当年"双11"电商销售季，卸妆水单品销量破40万支，微博转发超2.2万次；2019年蒙牛真果粒宣布与肖战合作的微博获得46.6万次转发及9万多条评论。在评论爱豆代言的商品时，粉丝甚至会细心地从外包装、使用效果、代言人等多角度分别评论。

其次是粉丝投入在爱豆身上的时间，73%的粉丝会以刷短视频的方式关注并支持爱豆，35%的粉丝每天花一小时刷爱豆的视频，42%的粉丝每天主要通过社交媒体了解并关注爱豆的信息，28%的粉丝每天主要通过长视频（电视剧、综艺、电影等）观看爱豆的作品，7%的粉丝每天主要通过打榜支持爱豆。

粉丝们强大的组织能力早就被外界所称道。一段时期的后援会也在向类似公司化的架构倾斜，如设立数据组、文案组、前线组、策划、公关、后期、反黑组、会长，并没有一个通用的基础架构，每个后援会的情况各不相同，具体架构需根据艺人属性及需求确立，比如有些流量艺人的恶评量低，就不会有反黑组。有些后援会架构的详细程度和职责划定甚至令很多公司都自愧不如。粉丝们对艺人实在过于偏爱，以至于愿意事无巨细地保护。

从工作量来看，排名第一的是数据组，尤其是选秀艺人的数据组，因为需要为爱豆持续打榜以送爱豆成功出道，甚至到了日夜不停的地步。以至于数据组都有"秃头女工"的别称，即累到头发掉光的地步，可见工作量大到什么程度，也可见粉丝们为爱豆的投入程度。

工作量排名第二的是后援会会长，不论活动大小，各项事宜的组织及管理都需要会长出面协调。工作量排名第三的是前线组，活动前期策划、活动现场执行、应援和拍摄、活动后期返图和返视频等都需要前线组做好准备。

天音互动的调研显示，一方面，粉丝投入的时间越多，流失率越低，1~5年内粉丝流失率只有23%，可见大部分粉丝都会选择持续停留；另一方面，爱豆越活跃，粉丝流失率越低。在粉丝的语境中，流失被称为"爬墙"。实际流失和下列因素强相关：爱豆发展规划、爱豆恋爱、粉丝之间不合（粉圈氛围）、爱豆突发负面新闻等。

在详细翻阅这些调研数据时，刘国瑞和我提到一句他工作中的感受：**很多粉丝虽然也关注爱豆作品的好坏，但更关注的是自己和爱豆的"关系定位"。** 在这些关系定位下，粉丝们会有许多主动维护爱豆的行为。因此在前文中我先行引用了这个结论：有没有不足不重要，是否完美也不重要，重要的是关系是否亲密，并让亲密的人看到自己在时时成长。

品牌越轻量，越容易模拟晚辈型亲密关系

  刘国瑞在回看调研结果、对艺人影响较大的后援会名单，以及粉丝们在不同时间段引发的大话题、大事件时，看到一个共同点：越是流量艺人，后援会对艺人的影响越大。

  这些影响集中在多个明确的角度。许多流量艺人从出道起就与粉丝绑定在一起，正是粉丝们竭力组织、支持和投票，才推动爱豆成功出道。而出道仅仅是开始，接下来就是长期支持和稳定曝光。这些超级用户每日都在不同社群内、社交媒体上持续拉动普通粉丝为艺人打榜、推动话题流量、引导正向评论（控评），维持艺人形象的同时还要稳定曝光量。由此产生演艺圈中许多令人惊讶的大事件和耀眼的数据。更重要的还有流量变现，流量艺人的粉丝为维持和提升爱豆的热度，会为其代言的商品掏出真金白银，并尽可能持续复购，促进艺人接到更多的品牌代言。

  可以说，粉丝们为艺人能做和正在做的事情在流量艺人身上表现得更突出且集中。这和本书开篇讨论的超级用户画像如出一辙。天音互动的调研结果与几年前贴吧对明星粉丝的调研相似，粉丝们对明星表达支持和爱的方式并没有发生太大的变化。

  粉丝对待爱豆的态度和行为让我们看到，在社交网络发达的今天，人们不仅仅需要大量的好友，某种程度上看，好友数量在社交中只是一个数字，在孤独时依然无人陪伴，无人值得相对倾诉，人们需要的是值得情感投入的亲密关系。从一开始就陪伴着对方一点点成长，哪怕其早期不是那么完美。在这种就像是模拟

父母看着子女成长的亲密关系中，粉丝们会觉得自己负有责任，因此会投入自己所能投入的一切。

越是新创和轻量的品牌，越容易和用户模拟形成这种晚辈型亲密关系，品牌就像是那个被用户"养成"的子女。超级用户更是会在品牌从诞生到增长再到收入变现等环节全力支持。因为品牌所实现的快速成长就像是一种正反馈——让用户感知到对方在自己的呵护下时时成长。

在刘国瑞的观察中，虽然这些现象早已有之，但真正被更多的粉丝认可和接受并形成市场大势始于2018年。这一年，国内两大视频网站推出两个艺人养成类节目，对中国娱乐圈形成巨大的影响，甚至彻底改写了市场规则。

一个是2018年1月19日爱奇艺首播上线的《偶像练习生》，可以称其为中国首档偶像竞演养成类真人秀。上线仅1个小时，播放量便突破1亿人次。4月6日，《偶像练习生》九人男团NINE PERCENT正式出道，其中C位就是蔡徐坤。

另一个是2018年4月21日起在腾讯视频播出的《创造101》。这档节目从457家公司及院校的13 778名练习生中选拔出101名选手，经过不断培训和比拼，6月23日收官时选出其中11位选手组成女子偶像团体，杨超越名列第三。

这两档节目或有不同，但基本规则都是让粉丝为自己的爱豆投票。只有人气和名次能决定这些年轻选手最后能否胜出。艺人的"生死"掌握在了粉丝手中，他们可以决定爱豆能否出道，以及出道后可以拿到多少资源。

这种规则改变了之前主要由专业评委决定选秀艺人能否出道

的策略。2005年,《超级女声》采用专业评委决定选手命运这一规则,曾成就了今天国内诸多知名艺人,也占据了数年综艺节目头部榜单。然而在新规则下,**培养粉丝成为超级用户才是最核心的运营策略。**

粉丝票选超越专业评委票选,这一新规则也成功开启了后续数年演艺市场的全新影响力。

只是,玩法不敌大势。已经"畸形"的饭圈文化在2021年引起关注,由此开启了大整顿。2021年8月,在饭圈整顿大势下,爱奇艺宣布取消未来几年偶像选秀节目,腾讯视频也跟着同步调整。调研的部分结果揭露了其"畸形"的一面,例如部分粉丝透支信用卡为爱豆消费、无上限付费。粉丝爱自己的爱豆,愿意为之倾尽所有,但爱豆及其背后的商业公司不能因此过度消费粉丝:谁会让爱自己的家人一无所有、受到这种无谓的伤害?2022年3月,国家互联网信息办公室再次就《未成年人网络保护条例(征求意见稿)》公开征求意见,其中明确提及"不得诱导未成年人参与应援集资、投票打榜、刷量控评等网络活动"。

爱无限,但对爱投射在物质上的索取应该有限度。某种程度上看,整顿是行业对部分爱豆及其背后的商业公司贪婪的索取行为的反思。即使不在这时,也会在另外一个时间掀起大反思。不变的是,粉丝对爱豆的支持和爱仍然会持续下去。

目前,我们能从曾经的调研中看到的是,在以晚辈为出发点的亲密关系模拟缔结中,企业如何建立起让用户时时呵护、品牌快速成长正反馈这一运营机制。

转介绍销售了百余辆新车的蔚来车主

2019年下半年，在我居住地附近的商业中心，蔚来汽车新开了一个用户中心，里面展示了两辆新车。散步时偶尔会进去看看，注意到里面立着一个告示牌，上面印着一些志愿者的照片和名字。他们多是附近的居民，当然也是蔚来的车主，张喆就是其中一位。我在蔚来汽车调研时曾听过这个名字，他在蔚来汽车创下了多个纪录。

一是转介绍纪录。蔚来汽车记录的数据中，有34位新车主是通过张喆介绍购买的，排在那段时间北京市场的第一名。但这组数据并不准确，还有许多张喆成功转介绍的车主并未被记录，他也懒于在这个排名中表现。根据粗略计算，真实数据早已超百辆。

二是志愿者打卡上班纪录。用户中心的志愿者活动就是采纳了张喆的建议，2019年的多个国际车展上，蔚来汽车的展台并没有聘用模特，而是邀请车主在现场做志愿者，回答参观者的问题。后来，志愿者活动被蔚来保留下来，扩展到了用户中心。现在，每个用户中心都有车主志愿者入驻。截至我们见面那天，张喆作为发起人已连续打卡上班45天，不领工资，中间无休。

三是作为转介绍最多的车主，张喆曾受邀前往蔚来汽车总部，与员工们分享自己是如何做到成功转介绍这么多车辆的。

2019年年底，我约张喆共进午餐，想获知更多细节以了解他是如何成为超级用户的。他比约定的时间晚到了半小时，一进来便忙不迭地道歉。本来能准时的他去附近的蔚来汽车用户中心取东西，恰好碰到有顾客询问新车信息，张喆停下来帮助他，直到对方再无疑问后才动身来与我会合。

我们的话题也从头开始：2017 年，张喆需要更换自己的座驾，预算在 70 万～150 万元之间，他迅速锁定了一辆新款 SUV（运动型多用途汽车）。等待交付期间，张喆无意中看到蔚来汽车的一个开放活动，参与后感觉很不错，符合自己的预期。那时是蔚来进入市场的早期，甚至连试驾都没开放，首批车的交付时间更要等到次年 5 月底。即便如此，张喆还是和兄长一起在现场预订了两辆新车。2018 年 6 月蔚来开放北京市场的试驾后，张喆身边已经有 8 位好友听从他的建议，预订了蔚来汽车。后来，张喆陆续将大家族内 6 辆用车全部更换成了蔚来。

张喆名下有多家公司，早已实现财务自由。了解到这些后，我直接问他：是什么让一个早已事业有成的用户投入如此大的热情在一件与自己不相关的事情、一个新生品牌上？

张喆打一个特别有意思的比方：我觉得蔚来是个笨小孩，在不停地犯错，每天在用户群里我们都能看到有人在"喷"（批评）蔚来高管，说这里没做好、那里需要改进，但蔚来的人心态都非常好，每次响应都很积极。

转向购买电动车是因为张喆认同电动车会成为行业发展大趋势，他也因此一直在留意寻找和搜集相关信息以找到自己满意的车辆。下文中，我们会提及技术竞争早已成为用户是否愿意成为超级粉丝、超级用户的关键点。在电动汽车领域，技术竞争更是基础和关键。

认同了这一行业大趋势，接下来才是认可一家公司。张喆下订后发现蔚来没有过多地追求商业化和利润,他们认真听取用户的意见和建议并及时反馈:"蔚来汽车有没有毛病?绝对有。问题在于,哪怕只有万分之一的瑕疵,企业怎么处理。"

蔚来汽车的一位总监也对张羿迪说过这样的话,他说,世界上没有任何一辆车是完美的,蔚来的车也不完美,社区形态会使许多问题暴露在公众面前,对公司品牌、声誉甚至订单造成很大的负面影响。但显然最后没有变成大家担心的那样,相反,蔚来汽车对问题的坦诚和快速解决是车主们感觉满意的地方。有时,车主在群内和高管反馈各种体验问题,对方甚至能做到秒回。让他讶异的是,蔚来汽车居然采纳了包括他提的志愿者活动在内的许多建议:"居然敢让用户站在那说,也不怕说错了。"

这就像是一个笨小孩,努力把自己该做的事情做好,也让张喆产生了一种感觉:"我觉得蔚来很好,我愿意推荐它,同时也想保护它。"

2019年8—9月,几位车主接连自发在青岛、济南、滨州、沈阳等城市为蔚来打出路牌广告。这些照片发布在社区中,引起了车主们的很大反响。对于这件事情,蔚来此前并不知情,为此派员工访问车主。一位车主这样告诉来访者,"蔚来将车、企业和用户距离拉得非常近,就像一家人一样",因此才会在看到自己手边有什么资源时就"举手之劳,顺手为之",帮助打出广告宣传"家人"。

张喆也提到很多类似的事件,车主们主动在群内提出要给蔚来做的事情更多,投入甚至远超于此。他提到"用户企业"一词,张喆认为并认可蔚来是一家用户企业。这是2018年下半年蔚来汽车首席执行官李斌提出的，当时借着公开演讲表达的意思是，希望蔚来和用户之间的关系更紧密，希望蔚来用户、股东、员工和合作伙伴长期受益于企业的发展。这个提法一闪而过，外界很少再度提及。张喆很自然地说起时，我还有些惊讶：用户会怎么定义这个名词？

简单来说，就是用户和企业成为共同体，一起发展，陪伴成长。张喆认为："企业能不能把用户维护到位，以让老车主推荐新车主的节奏延续下去很关键。只有持续性地做好这个事情，蔚来才能树立一个独特的体系。"

"养成"一家企业并形成独特的体系，这和年轻的粉丝们全力支持自己的爱豆一样，也暗合"有没有不足不重要，是否完美也不重要，重要的是关系是否亲密，并让亲密的人看到自己在时时成长"这个结论。

那么，是什么支撑着车主们的持续热情，维持着老车主推荐新车主的节奏？

张喆想了想，回答说是新朋友圈。"到了我们这个年纪，已经过了什么好奇和凑热闹的劲头，因为见过、听过、经历过，对很多事情也就没有了那种绝对的追求，经常自己默默地待着。"张喆其实不大，正值风华当打之年。投入蔚来汽车当志愿者后，他却感觉"找到了一个极其需要的、崭新的朋友圈"。

蔚来对ES8车主做过市场调研，发现其中90%是男性，平均年龄35岁，人均月收入5万元以上，多在企业担任中高层或是私营企业主。相似的财富基础，加上相似的兴趣爱好，让这群人在群里讨论时聚焦于技术发展、用车体验、企业服务等层面，他们甚至还在思考能不能将"用户企业"这套玩法复制到自己的公司运营中去。

在我和张喆沟通的那段时间，蔚来汽车还处在至暗时刻，尚未走出来。不过张喆并不担心，他说，车友会不断向公司高层提出新建议，例如许多车主都有自己的物业，很愿意在自家的酒店或办公场所协助蔚来开设新用户中心；当时蔚来换电站还有些不便，车主们纷纷提出希望能自己投资帮助蔚来建造换电站，就当是借款给蔚来，等其资金充裕了再返回即可。

投资建设一个换电站要两三百万元。我后来问张羿迪这个建议被采纳了没有，张羿迪说，公司高层开会时曾讨论这个问题，一度担心车友们挣不到钱而暂时没同意。在他的观察中，从2019年开始，车主们陆续提出了许多想和蔚来合作的想法和建议，甚至用了"涌现"一词——"这些建议大量涌现，是两年前真的没有预料到的"。

而我最大的感触是：被"养成"的不论是新艺人，还是新的电动汽车品牌，不论是原本小众的电影《冈仁波齐》，还是大众产品华为手机，让无数粉丝和用户变身为超级用户，持续投入巨大的热情、时间和精力，都伴随一个显著的效应：**在亲密的维度下，新诞生的企业或品牌似乎有一种特权。在这种特权下，品牌获得和产生超级用户更容易，用户也对这些品牌的"小错"更包容，以陪伴他们持续成长。**

这种包容不是无视错误，相反，用户自身倾力投入，用资源或金钱、时间或精力帮助企业走出困境，哪怕对方正处于至暗时刻，用户也毫不犹豫。

好心也会办坏事

值得深思的是,蔚来预见到了"开放的社区形态会部分助长外界的负面报道",也预见到了在发展中遭遇挫折时用户会挺身而出提供种种帮助,却怎么也想不到用户有时也会好心办坏事。

2021 年 4 月上海车展,当一位女性车主身穿印有"刹车失灵"的 T 恤衫,站上特斯拉车顶维权时,似乎开启了多家电动汽车品牌共同的"阵痛期",其中也包括蔚来。同年 8 月,在一次致车主死亡的交通事故中,有超级忠粉车主过度维护蔚来,发布了一份《蔚来车主对 NP/NOP 系统认知的联合声明》,称蔚来的 NP/NOP 系统为辅助驾驶系统,而非自动驾驶系统或无人驾驶系统,在此前的宣传中也未造成混淆和误导。结果不仅没有从泥潭中解救出蔚来,相反还将它和车主们拖入了巨大的舆论旋涡。

在粉丝重度维护爱豆的饭圈,类似"好心办坏事"的现象更是常见。2020 年 2 月,肖战的粉丝挑起了一场纷争。当时一位网络文学作者写了一篇涉及艺人肖战的同人小说,肖战的粉丝联手举报同人文作者和几个内容平台,导致 AO3(Archive of Our Own,一家为同人创作提供服务的国外网站)被禁止国内访问、LOFTER(国内最大的同人创作社区)文章被大量删除。粉丝的行动触怒了喜爱这类小众文化的用户圈层,他们纷纷以给肖战作品打一星、抵制购买其代言的产品等行为反击,波及了多个肖战代言的品牌,反而对艺人造成不利影响。

就像对孩子过度溺爱的家长,也总会无意中使孩子在健康成长的过程中走偏。同样是粉丝们主动维护爱豆，当事件向好时，对艺人的正向推动、品牌提升作用巨大，但当事件滑向另一个方向时，反而会使艺人遭受不可估量的损失。

用户过度维护品牌而引发品牌危机，这也算是亲密关系的副作用吧。

扫描二维码
欢迎和我随时交流

扫描二维码
购买配套私域增长课

09
第三种亲密关系：
我很可亲

人们天然亲近于帮助自己的人，当企业从长辈角度出发构建和用户的亲密关系时，意味着无微不至地为用户着想，甚至细化到更多特别的时刻。

谁骗走了你父母的钱

就像黑暗森林,保健品营销一直处江湖之远,备受争议。

2013年年底,黄不问带着儿子回老家,在归乡的火车上,他看到20多位老年人统一带着印有"××养生科技"的帽子,在这家公司的组织下外出旅游。聊天中得知,他们都是这家公司的老客户,6年来几乎每人都购买了该公司10万多元的产品。

其中一位老人闲聊时说:"我更愿意跟这家公司的员工一起生活,比如那两个组织我们去旅游的小姑娘,她们对我比我自己的孩子对我还要好,我买他们的产品,不单单是因为我有这种需要,还因为能帮助她们完成公司的任务、得到公司的奖励,这样她们的生活能过得好一点儿,我也觉得很欣慰。"

做过保健品销售的黄不问听了这些,想的反而是:一般人听了,或许会觉得老人和那两个××养生科技的员工之间是一种超越了血缘关系的亲情,但我不这么看,我认为这是一种可恶至极的诈骗。这两个小姑娘在这些老年人的眼中是善良、诚实、有爱心、有上进心、孝顺的好孩子,实际上,她们的真实面目就是令人痛恨的吸血鬼,她们就是在活生生地把这些老年人榨干……

黄不问到家后发现父亲也因劣质保健品而受骗,他实在忍不住,将自己的所见所闻整理成一本电子书《谁骗走了你父母的养老钱》并上传到豆瓣阅读,黄不问在书稿中详细整理了许多保健品销量的"套路"。

"免费三部曲":一是免费诊疗,以此取得老年人的好感和联系方式;二是免费讲座,介绍产品,神话功效,为推销做铺垫;三是免费吃饭,进一步增进感情,并借此推销产品。

"软磨硬缠三部曲":首先通过与老年人聊天,了解他们的喜好,投其所好博欢心;其次,在了解到老年人的基本情况后,按其经济实力推销相应的产品;最后,通过不断打电话或者直接上门的方式,与老年人保持联系。

还有两个套路是"上门收钱"和"定期回访,跟踪服务"。

顾客在活动现场遭受轮番轰炸后,勉为其难地购买了保健品。在没有付款的情况下,销售员很大方地让顾客先带回家。很多顾客认为这是对自己的信任,所以"把保健品提回家后第一时间就会准备钱,把账结了"。

顾客一旦购买了保健品,就意味着和卖保健品的人建立了一种长期关系。理由很简单:这是售后服务,顾客吃了他们的产品,他们要负责让顾客真正获得健康,于是时常嘘寒问暖,定期拜访,督促顾客服用。

"在某种情况下,这恰巧满足了某些独居老人内心渴求关怀的需要,产品变得无足轻重。卖保健品的人渐渐成了他们的精神寄托，甚至有些销售员认了顾客当干爹、干妈，那么当干儿子、干女儿要完成公司下达的任务时，作为干妈、干爹能不掏钱买他们的产品吗？"黄不问这样记录道。

这些"套路"其实回答了许多人无法理解的问题：为何有些老年人家里的保健品堆积如山？为何他们省吃俭用，买根葱都要讨价还价，购买保健品却停不了手？

很大一部分原因是保健品公司刻意和他们模拟了一种亲密关系。

被打击的灰色保健品公司

过去一段时间，在二、三线城市，面向老年人的保健品营销成为一个庞大的产业，和黄不问一样，许多在大城市工作的朋友回到家乡，总能看到长辈被"忽悠"购买了一些"保健品"，包括我在内。我曾和朋友们聊起这个话题，引起很多共鸣，纷纷吐槽这个现象。

我并不是说正规渠道购买的保健品不好，恰恰相反，留心家人和自己的健康是生活的基础，甚至许多人出国旅游时都会有针对性地选购一些保健品。在生活水平日益提升的今天，健康早已成为刚需和大产业。令大家愤怒的是那些被念歪的经、伪劣和夸大的产品，以及专门欺骗老年人的销售方式。

从 2017 年开始，面向老年群体的保健品营销及其采取的会议营销策略成为众矢之的。当年中央电视台"315晚会"接连曝光了6家保健品公司及至少3款违规产品。同年年底,医生谭秦东发表网帖《中国神酒"鸿茅药酒",来自天堂的毒药》引发轩然大波,4个月后鸿茅药酒发布自查报告并向公众致歉,但民众对这一市场越发关注,批评声渐起。2018年12月25日,丁香医生在其公众号发表文章《百亿保健帝国权健,和它阴影下的中国家庭》,将权健公司推上风口浪尖,到2019年11月14日,权健因涉嫌组织、领导传销活动等罪案被提起公诉。检索报道,也能看到另一家排名前列的保健品公司天狮同样诉讼缠身。

正规公司的销售"套路"

如果说,灰色的市场正在被打击,那么正规保健品市场和公司最常采用的销售策略是什么呢?

我为此前去拜访大李,他是这个行业的资深从业者,曾创办多家保健品公司,现正在开发新的健康类App。在和他长时间的交谈中,我们发现保健品市场从业者其实是运用社交策略,尤其是亲密关系。透过他的讲述,我整理了一份简略的"套路"重点。

一是进入用户熟悉的场合。

保健品行业销售人员在考核陌拜效果时,普遍将"五有"信息(有姓名、有家庭住址和电话号码、有经济评估、有健康状况、有竞争对手的产品情况)作为衡量指标,以此判断是否需要对该顾客进行后续跟进。如果值得跟进，再考虑如何推进。"五有"信息还能判断销售人员和顾客之间聊天的质量如何、建立了什么样的关系，如果能够获取到这些信息，至少显示顾客对销售人员有初步的信任，以及这种关系对后续销售有一定的助力等关键问题。

销售结果都建立在拜访客户的第一个动作上。不过，随着近几年面向老年人的保健品销售越来越多，老年人从愿意相信、愿意给出自己的电话号码转变成当下的不信任，防备陌生的销售人员。面对这个变化，保健品公司会要求员工：拜访客户时要前往老年人熟悉的场景，如公园、菜市场等老年人多的公共场所，"首先销售人员一定要过去，一定不能是等顾客过来，不能让顾客处于陌生的环境中。顾客熟悉的地方不会令其紧张，只有在熟悉的环境中，老年人才会愿意和年轻人聊天"。

二是在恰当的时间点建立感动、惊喜的瞬间。

获得"五有"信息是顾客和企业之间相互信赖、长期沟通的基础，至少表明顾客对企业（或者说销售人员）不反感，但这仍然不够，销售人员需要在这个基础上制造惊喜的瞬间。

例如，大李曾看到麾下销售人员了解到自己的某位顾客患有高血压，他在一次海外旅游时发现当地有一本介绍高血压的专业图书非常好，国内还没有引进，就特意购买并带回送给那位顾客。对方看到后，激动地拥抱了他。

这些惊喜的瞬间让顾客相信销售人员"会用心照顾我"或"对方心里有我，会为我着想"，是一个值得交往、值得信任的人。虽然这只是销售技巧，但其实需要企业在运营环节用心设计，因为"美好的事情不会自然发生,一定是被设计和创造出来的"。

在这个指导思路下,行业常见的"套路"变成:如果天气不好,早晨刮风下雨,老年人去不了菜市场,销售人员就会买好新鲜的蔬菜送上门,通常顾客都会很感动。而且即便每次上门拜访时看起来漫不经心,天天上门拉家常也不成,要提前准备很多话题和情感设计。

三是时时陪伴。

现实生活中,许多老人内心既孤独又无助,也不愿意麻烦子女。这时,有一个第三方能时刻响应、时常帮助,是许多老人潜意识的需求。还有一个隐藏的问题是,国人并不擅长直接表达情感,有些父母和子女之间也没有建立起顺畅的沟通方式,这让能够随时提供帮助的第三方更受欢迎。因此,许多保健品公司的销售人员会经常陪伴老年顾客聊天、拉家常。

此外,长期关系还可以通过持续的客户服务来建立。销售人员借 售后服务的契机嘘寒问暖,定期拜访,提升老年群体市场的销售转化率。这本就在告知我们:**售后服务是一个能够建立长期关系的重要环节和关键出口**。尤其是医疗、游学、投资、购房等本需要长期服务、可以建立长期关系的领域和行业,长期售后服务越发重要。

我和见实团队在几年间跟踪的1400多个私域标杆中看到,追进售后服务是建立和推进用户关系的最有效策略之一。有意思的是,大部分公司对售后服务并不重视,做不到通过售后来增强和用户的长期关系、亲密关系,更别提这个环节在用户生命周期管理范畴所能发挥的巨大作用。

好武器就在身边，大部分人却总是视而不见。

四是让客户有成就感。

大李整理多年行业经验时发现，很多销售员一开始业绩很好，三四年后就会逐渐滑向平庸，业绩越来越差。一开始他以为是个体现象，后来才意识到这几乎是行业通病。之前他所在的公司每年也会评选"十大优秀员工"，经常是新员工占据榜单。全面观察后，大李找到了答案："很多销售人员刚入行时不懂销售技巧，青涩的模样反而很容易使顾客产生安全感，让老年人产生指导欲，愿意提供帮助，就像长辈在关心晚辈成长一样。相反，工作几年后，销售人员习惯了无数套路，反而会因为技巧太明显、套路太纯熟，引发老年人的不信任。"

如果不能激发顾客的安全感和成就感，就无法建立更强的关系。成就感的目的正是在顾客心中模拟这种亲密关系：像长辈关心晚辈成长一样，关心和帮助销售人员的工作。

五是发起一个大事件。

完成上述步骤后，企业才会推动销售人员尝试邀请老年顾客到店体验产品，让顾客知道和了解自己在干的事情。"若你过去帮助过他，制造过感动和惊喜的瞬间，顾客就不会认为你骗他。"因此应约到访的转化率非常高，依赖曾经的信任基础，顾客才会将对销售人员个人的好感转移到产品和品牌上，建立起对企业的信任。

但这个环节体验并不是直接销售，转化订单另有他法，那就是发起一个大事件，如大降价，会为销售转化提供巨大的帮助。某段时间内，保健品公司邀请老年人免费参与红色旅游，更是促成订单的新事件手法。

在通过这些策略构建起亲密关系后，大李发现，超级用户比例会达到顾客群体的 40%~50%，每年人均消费至少五六万元。

那么，在企业和顾客构建起亲密关系后，是不是就可以卖高价？答案是否定的，反而需要给出更大的折扣，"顾客对产品的要求是必须比其他的更优秀，也要比其他的更便宜"——产品的高质量和高性价比仍是推动亲密关系构建的要素。在这里，亲密关系是成交的基本条件和结果，更是复购的基础。

更重要的是，亲密关系是起点，而不是终点。

大李的另一个感受是，**亲密关系一旦确立，就不能停歇**。如果企业能在老年顾客群中组织书法、跳舞、歌唱协会，和电视台合作一些选拔赛，或者组织他们出游，那么彼此之间会形成长期接触，继续提升两者的关系亲密度。

"亲密关系的放大不能聚焦在一个点上，不然会饱和。如果用更多细节去承载，反而会衍生更多产品和需求。"这样做的另一个直接的结果是，"每年至少有 30% 的增长来自老用户复购和转介绍"，就是亲密关系增强和推进实现的收入放大。

武松与宋江的初次见面

前文的案例中都暗藏着一句话，不过提到这句话之前，不妨再聊聊《水浒传》第二十二回的故事。

武松紧紧裹住身上的衣服，有些寒冷。之前因为殴伤官吏，躲难来到柴进庄园。没想到一段时间处下来，从最初备受待见的客官，渐渐变成无人理睬的落魄汉。武松心里凉凉的，加上已是秋冬时节，一时不慎，这个身躯凛凛的大汉居然得了疟疾，一时冷一时热，再铁打的汉子也经熬不住。

夜已深沉，武松找到一把火锹，寻了些木炭在廊下一个避风角落点着取暖。这时，一人似已有七八分醉意，眯着眼睛，趔趄着走来，一时不辨方向，一脚踩在火锹柄上，满锹炭火噗地飞起，掀了武松满头满脸。气得武松跳了起来，一把揪住这个醉汉，大声喝道："你是什么鸟人？敢来消遣我！"

但他的拳头还没打下去，就被闻声赶来的庄客和庄主柴进拦住："你知道他是谁吗？""他就是你心心念念想要去投奔的及时雨宋公明啊！"

武松愣住了，他定睛看着眼前这个汉子，简直不敢相信，只是庄主柴大官人不会骗他。武松赶紧松开手，拜倒在地，任已经清醒的宋江怎么搀扶都不肯起来："我不是梦里吗？与兄长相见！"

这是武松和宋江在《水浒传》中的第一次相遇。此时宋江和武松一样，也是一名失意人。他因为怒而杀人，不得不在霜重天寒时外出躲避。从这次相见开始，直到后面十几回的故事中，宋江都经常处于危难境地，如第三十二回里第一次见"锦毛虎"燕顺、"矮脚虎"王英、"白面郎君"郑天寿，第三十七回里见"病大虫"薛永、"船火儿"张横、"没遮拦"穆弘、"小遮拦"穆春，第三十八回里见"神行太保"戴宗和"黑旋风"李逵，等等，都有不少危难或麻烦。但总是紧急时刻一报名号，对方听到后不是"扑翻身便拜"，就是"连忙作揖"，口称"哥哥"，就如武松这次情形一般。

让武松前倨后恭，从"消遣自己的鸟人"到"似在梦中相见的兄长"，再到危难中一报名号即令江湖中人纳头便拜，全因为宋江为人排难解纷、济人贫苦、赒急扶困，就像"天上下的及时雨一般，能救万物"。这个名声被传扬开来，让江湖中人都有听闻，颇有些心生向往，如武松一样想着前去投奔。曾经的助人为乐，今天反过来帮助自己屡屡脱难，并有了后面荡气回肠的故事。

像宋江一样，《水浒传》中还有两个人物也是如此，一是"托塔天王"晁盖，二是收留武松和宋江躲难的柴进，都是"人未至，名先扬"。如一位酒店老板在第九回中这样向发配途中的林冲说起柴进："专一招接天下往来的好汉，三五十个养在家中，常常嘱咐我们酒店里：'如有流配来的犯人，可叫他投我庄上来，我自资助他。'"还没见到柴进，就已经从周围老板们的话语中熟悉了这个人。等到柴进失陷高唐州时，梁山泊好汉们提到"柴大官人自来与山寨有恩，今日他有危难，如何不下山去救他"，立刻派出 22 个头领和 8 000 兵马前去搭救。

看到这里，那句话便呼之欲出：**人们天然亲近于帮助自己的人。**

像长辈一样关怀用户

相比企业将自己的关系角色定义为晚辈（我很可爱）或平辈（我很可信），在上述案例中我们看到的是另一种亲密关系的缔结：让用户处在晚辈的角色中，而品牌可以时时关心和关怀用户。

我因此将从长辈出发的亲密关系概括为"我很可亲"。

在理解这种亲密关系的模拟和运营时，经常会与"让用户视如己出"的亲密关系混淆。例如，我们明明在前述保健品案例中看到，老年人被激发出了想要呵护销售人员成长的感受，据此指导青涩的销售人员如何卖货；当老年人看到经常陪伴自己的销售人员需要业绩时，也真金白银地投入，希望帮助他们取得成功。这难道不是从晚辈角度出发的亲密关系吗？似乎企业仍是晚辈。

这是细节过于强大带来的错觉。从全貌来看，保健品公司扮演的是长辈的角色。根本在于，企业从用户角度出发，在时时陪伴对方的过程中洞察用户需求——及时且主动提供，甚至可能用户自己都没意识到，你就已经想到并提供了。

相比其他两种亲密关系，从长辈角度出发的亲密关系特点也非常明确，运营门槛略高，倾向于个性化的重度服务，因此适合于已经占有一定市场地位的大企业和知名品牌，或利润率较高的行业。

并且，这一关系非常适合从客服角度出发来构建。只是也如前文所提及的，当下改造和优化客服流程以和用户构建关系运营的企业看起来非常少。至少在见实追踪的案例中，可用"罕见"一词来形容。

退货率从 3% 降到万分之二

"人们天然亲近于帮助自己的人"，其所发挥的作用和覆盖范围均优于想象。

2019 年 3—4 月，我和"你我您"的首席执行官刘凯有过多次深聊，那段时间，我们系统访谈了 10 余家社区团购创业团队，还帮助微信完成了一些公开课内容的沟通和录制工作，并在 4 月底和 12 个创业团队一起发起讨论以"如何在小程序上建立收入模式"为主题的直播活动。这些场合为我们深聊很多现象提供了便利，其中刘凯提到的几个小数据让我印象深刻。

第一个数据是复购次数。在我们 3 月见面时，"你我您"的用户月复购数据是 6～8 次，即平均每个用户每月通过"你我您"小程序下单 6～8 次，到 4 月初录制微信公开课阶段，这个数字稳定在了 8 次，4 月底直播时，这个数据又上升到了 8～12 次。

第二个数据是团长销售数据的差别。当时，优秀团长的月流水在 38 万元左右，普通团长的及格线为 3 万元。我们以为这些差别会由小区大小、团长建了多少个群等因素决定，其实不是，刘凯说是背后的"信任"和"情感"决定的。就"信任"这个关键词,我们已在前文中详细展开,那么"情感"又怎么对复购和提升流水这些关键数据形成直接影响呢?

过去"你我您"对微信群运营的认知是群里最好只聊商品售卖信息,不要聊太多不相关的信息。但工作人员在后续运营中发现,售卖金额高的团长在群里起到的是"百事通"的作用,即任何成员(邻居)提出的生活需求,他都会尽量给予帮助,如迅速提供修水管、开锁等服务商的联系方式,解他人燃眉之急。这使群聊涉及的范围越来越广,热闹程度甚至超过小区业主群。

从关系维度看,社区团购建立在"邻里关系+微信群"的基础上,但如今邻里关系并不如过往那般密切,在城市化进程中,很多用户哪怕在同一小区住了10年,都不知道邻居的姓名。在这种情况下,"百事通"显然增进了邻里关系。这个现象还引发了另一个变化,也就是第三个数据。

2019年,"你我您"测试推出一项服务,只要用户认为商品不好就直接退赔。服务推出前,刘凯预计退货率会在3%左右,根据这个测算准备了相关预算。一段时间后,实际退货数据显示,最终退货率只有万分之二。刘凯发现:团长在群里随时提供服务增进了邻里关系,让很多用户在退与不退间做出了选择。

我在听到这一数据和刘凯的观察时,首先的理解是人在提供服务,其次是再度强调"人们天然亲近于帮助自己的人",因为"百事通"服务让用户亲近于提供帮助的团长,不仅愿意在这里多买需要的商品,而且倾向于不去"麻烦"他。

后来,"你我您"还测试了很多服务,如在售卖水果生鲜之余尝试销售汽车、房产、旅游、教育等产品，发现效果都很好，这与信任的建立不无关系。

我们再以曾任《东方时空》编导的郭佳家里经营的母婴用品公司生合为例来看一看。2019年10月，郭佳突然收到一篇用户写的笔记，长达8 000多字，详细记录了其使用产品过程中的点滴感受。

对郭佳来说，这无疑是一位典型的超级用户：购买了生合出品的全套护肤品，参与多种新品试用、撰写试用报告，每次店庆和双11期间都大量囤货，向闺密推荐产品。这位用户在笔记中提到一个非常有意思的细节：她当时错过了抢购护肤水的时间，为此，店长专门为她上架了1瓶，又在她下单后立刻下架。事后她写道："这种提供专属上架通知和购买渠道的购物体验，相当特别、暖心。"

从《社交红利》到《小群效应》，我们多次深度讨论了利益驱动、互惠、利己利他等要素为信息扩散、产品爆发提供的推动力。不过，静心想想，会感觉到其中巨大的差异，这些要素多倾向于利益和交换本身，只是借助关系链获得了更大的扩散能力。而"人们天然亲近于帮助自己的人"与此不同，它揭示的恰是人们奔着缔结、增强双方的超强信任、更亲密的关系而去。

回想我们的人生，工作多年，也能发现关系亲近的人恰恰都是不问事由、经常互相扶助的老友，也根本说不清楚谁帮助谁多一点儿。

亲密关系与各种关键时刻

"时时陪伴"是塑造从长辈角度出发的亲密关系（我很可亲）的过程中一个非常重要的构成。其实这里有种错觉：老年人需要他人时时陪伴，因此能够时时陪伴的不是晚辈吗？为什么会出现在模拟长辈的关系构建中？过去我也有点儿想不明白，直到后来做完前文中提到的那个"你有多少密友"的小调研。人们总是需要连接，希望被照顾、被帮助或被关注，需要温暖和情感，这是每个人的基本需求，而不仅仅是老年人，只是在老年群体中更突出。

如何在日常接触（时时陪伴）中不断构建感动和惊喜的瞬间？如何让人有成就感？这个问题的答案比想象的要多，如我们会看到各种时刻，第一个就是美好时刻。

2018年6月，我创办了见实科技，4个月后获得了微影资本500万元的天使投资，发布融资消息的当天成为见实公众号创办4个月来粉丝分享量和粉丝新增量最多的一天，共有2 043位粉丝分享了2 634次，阅读量达4.96万次，新增了2 482位粉丝。

日净增粉丝量排在第二位的是6月11日，也是见实公众号开启每日更新的第一天（那天群发的内容间接宣布了我创业的消息），粉丝从0起步增加至592人，当天共有862人分享了1 080次，帮助带来了9 932次阅读。后来我曾无数次翻看这两天及其他粉丝分享量和新增量多的日子，寻找它们的共同点。

我发现，当企业有好事发生时，朋友或用户为企业高兴并愿意转发扩散这个好消息。相比平时，用户在这些时刻的分享意愿明显更强。

人们不仅愿意与优秀的人在一起，或者和一个"赢"的团队在一起，更为朋友的点滴进步由衷地高兴，这一刻，人们将品牌当成了自己的朋友。

我也找到了更多业内创业者，向他们求证，发现结论一致——用户在有好消息时分享的热情更高涨。例如，就在见实宣布获得融资前一周，"运营研究社"也宣布融资消息（pre-A轮获得1 050万元），在那一天，它的粉丝新增了1.2万，比平时的日增量多8 000人左右。

因此，我将这个特点称为"美好时刻"。这带给团队一个启发：**在有好消息（大事件）时，企业顺势推出运营活动，自然会吸引更多用户/粉丝主动参与和扩散。**如能在这些活动中多开设一些用户参与的接口，会产生更好的效果。

2019年下半年，我和时任华为荣耀中国区首席营销官的关海涛在上海举办的一次行业大会上讨论这个话题，他也用了一个词来形容类似的场景——"荣光时刻"。关海涛提到：要让用户感受到产品或品牌在特定时刻带来的荣光，要让用户享受到这种荣光。换句话说，用户在推荐或帮助企业时，内心是真正开心且自豪的。

用户在提到企业超强的研发能力时，会脸上有光；在竞争激烈的市场上占有绝对地位，会脸上有光；在国家某些地区或群体有困难时，企业毫不犹豫地伸出援手，用户看到时会脸上有光；当企业无微不至地关心用户，使用户经常感受到惊喜时，脸上会有光；当用户向好友提及和推荐这个品牌时，脸上有光的同时还会给"信任账户"加分。

各种时刻的构建，业界可以提供的参考其实非常多。肖恩·埃利斯就曾在《增长黑客》一书中强调，要打造"啊哈时刻"，即让用户在体验产品的过程中留下强烈的印象，并充分激发用户的思想和情感，产生共鸣，或在社群中找到共鸣。更具体系的参考则不得不提《行为设计学》一书，作者开门见山地在第一章中给出结论：在评判体验时，我们并不会取每分钟感受的平均值，而是容易记起意义重大的时刻——高峰、低谷以及转折点，这些决定性时刻基本由四种因素构成，分别是欣喜、认知、荣耀、连接。

我这样理解这四种因素：欣喜是超越日常生活的体验；认知是让用户看清某一事物的原貌，在某一时刻获得影响自己很长一段时间生活或工作的领悟（"我要围绕这个去创业了"等重大决定）；荣耀是所记录的最辉煌的时刻；连接则是在婚礼、庆典、演讲和体育活动等社会性场景中使群体的感情更牢固。其中的一种或多种不同因素会构成用户享受企业服务过程中的一个个决定性时刻。

在亲密关系的范畴内，用户和企业的接触点更多，次数更频繁。每个决定性时刻的运用都聚焦于两个方向：让品牌和用户的关系更亲密，或者用户借助品牌释放的信息和好友的关系更紧密。因为"关系"和"连接"的存在，各种时刻的打造也更精细。

超级导购的高管李治银曾与我长聊，提到过一个案例，2020年新冠肺炎大流行期间，他看到超级导购服务客户的门店中，有一家业绩不降反增，便去实地考察，发现那家门店地处主街旁的一条巷子里,平时客流量极少。疫情对线下门店的打击非常大,某种程度上却推动了私域流量这股新浪潮的爆发,与非典时期电子商务快速发展类似。在消费者减少外出的情况下,线上购物成为主流消费方式。因此,在绝大部分线下门店业绩普遍下滑的情况下,弱势区域门店的业绩反而有所增长,自然引起了李治银的关注。

询问后得知,原来,那家门店的店长要求团队与常客在微信上保持互动,熟悉他们的购物频率后,每当购物周期临近,店长就会主动为常客送去一杯咖啡或奶茶。公司安排团队出国学习、旅游时,店长还会想着为常客带礼物。有一次团队完成业绩目标后去日本旅游,带回了一大行李箱面膜,他们给每个老顾客都送上几片,甚至主动送上门。

这也收获了顾客的反馈和真心,比如旅游时也会带回零食分享给店员。长此以往,顾客和店员建立了像闺密一样的情感连接。复购和转介绍也就成了自然而然的事,因此当其他门店业绩受到疫情影响时,这家门店能逆势而上。

企业和用户构建亲密关系、展开私域运营,可以关注一个很小的要点:店员通过互动和顾客拥有了许多美好时刻,由头或许是"出国旅游""秋天到了,帮大家订杯奶茶"等等。

同样是在 2020 年新冠肺炎大流行期间,当时在企业家圈中有一篇文章引发了大讨论,是关于西贝餐饮董事长贾国龙的报道,他在接受采访时说(受疫情影响)公司的现金只够再给员工发 3 个月的工资。报道引起了从业者的极大共鸣:如果连业内知名企业都难以渡过难关,中小商家的生存无疑更加艰难。此后一段时间，媒体大规模报道了线下门店从业者的困境。

在那段时间，消费者也在关注西贝，只是和企业家的视角不同，消费者看到的是口罩和温暖。当时在微博和微信群中，常见用户分享类似的信息："在这个寒冷的冬季，在物资如此紧缺的情况下，收到店家的一个口罩让人顿时心生暖意，希望这个冬天赶快结束！"

西贝的这个举动令许多消费者感动，纷纷在网上订购西贝的食品，因此在新冠肺炎大流行期间，西贝的线上营业收入占到了总营业收入的 80% 以上。

后来我和朋友们讨论上述两个小案例时都会提一个问题：请问，超级导购的门店和常客之间、西贝和消费者之间模拟的是哪种亲密关系？

虽然李治银在案例复盘时明确提到"客户和店员建立了像闺密一样的情感连接"，但实际上店员不自觉地扮演的是类似长辈的角色——定期关心顾客。就像今天为人父母的我们，外出工作、学习时总是想着带点儿礼物回来给孩子。西贝也是如此，他们想到疫情中的"亲人"无处抢购，就像长辈那样想办法挤出点儿储备分发。

在这里，并不是说商家就是长辈，而是他们经常且主动关心顾客，在各种场景中主动创造关心顾客的时刻。而在日常运营中，或许这几家公司都没有意识到自己是在模拟这种亲密关系。

不管是荣光时刻、美好时刻，还是其他时刻，根本其实是在企业和用户之间建立某种情感连接，乃至于顾客在数年之后早已忘了企业做过的事情，却还记得自己曾为之激动、欣喜。

10
关系的建立：
如何从陌生走到亲密

在关系大崩塌中，一起做件事、确立自己被需要的角色等事项是使关系从陌生到亲密的要素。与之相辅助的还有地域和血缘等，但是能让亲密关系一直维系下去的，只有价值观。

无论企业模拟哪种亲密关系，可产生的商业结果都足够诱人。需要再次强调的是，在亲密关系的推动下，超级用户会在转化、分享、转介绍和复购这四个关键行为方面做出巨大的贡献。而且，三种亲密关系所做的贡献并无差异，不同之处只是用户会认定自己和企业是什么关系类型，以及有多亲密。

我梳理了三种亲密关系适合的企业类型、要点及引发的关键现象（见表10–1）。

回到见实自身，我们非常关注社交媒体开启的新商业浪潮，包括现在的私域和DTC等，每天最基础也是最重要的事情就是一家家地约访各大品牌私域团队、从业者，以期梳理出成体系的方法论。2022年，我们访谈的团队早已覆盖市场上绝大部分私域标杆，基本分为两个方向：一是品牌和海量用户直接模拟和构建亲密关系，二是品牌借助自己的员工、导购或KOC（关键意见消费者，包括团长、导购、群主、超级用户等）和用户维系关系。

表 10–1

亲密关系的类型	要点	关键现象	适合的企业类型
平辈 （我很可信）	强调用户投入产出比，即用户以最低的成本获得最佳收益；品牌必须靠谱且能够承载信任，能让用户在向好友推荐时提升自己的可信度	前置运营（在重信赖下，用户愿意提前支付费用）、躺赢时代（用户希望用最低的成本获取最好的服务）、价值观制胜	适合绝大部分企业，尤其是重视技术和服务的企业
晚辈 （我很可爱）	鼓励用户参与"养成"企业，相比产品的完美程度，用户更在意关系的亲密度、产品的迭代速度及自己的参与程度	品牌特权（用户容忍品牌犯的小错）、时时成长（要让用户感受到企业的成长速度）	特别适合新创品牌
长辈 （我很可亲）	人们天然亲近于帮助自己的人（时时从用户角度出发满足用户需求，就像长辈关爱晚辈一样）	荣光时刻等各种时刻（在和用户接触的过程中，照顾好用户）、时时陪伴（建立起情感连接）	适合领先企业和知名品牌，或利润率较高、重服务的企业

在这一基础上，见实在内部复盘时发现建立在 KOC、导购等基础上和用户维系关系的私域运营模式在当下的私域案例中占比 90% 以上（甚至更高）。而和用户直接构建亲密关系的品牌实际占比不超过 10%，并且用户运营多处于非常粗糙的状态。比如大部分都只是简单、定时群发促销广告（或优惠信息），而非我们通常想象和需要的优质的个性化服务。

品牌直接和海量用户模拟和建立亲密关系，或者更准确地说，在品牌的努力下，许多用户都认同自己和品牌之间形成了某种亲密关系（一对多地模拟建立和增强某种亲密关系），是一件非常难的事情。显然，借助 KOC 和超级用户搭建私域运营体系更简单，并且更易看到效果，因此更多的企业选择了这一方式。

2021 年 10 月，见实团队还完成了另一项工程：9 人团队在几个月内调研了 4 万多家展开私域运营的企业，在收回的 2 000 多份问卷中，排名第一的难题正是引流拉新——近 500 家企业困惑于此（见图 10–1）。

翻阅日常的调查和访问，我们强烈地感觉到，虽然每天都在讨论品牌和用户间不同类型的亲密关系，以及企业构建亲密关系需要准备的策略和方法论，尽管我们已经知道亲密关系会帮助品牌获得更多的超级用户，实现增长，但是"品牌和用户建立亲密关系的难题并不是要达成何种关系、能够亲密到什么程度，而是如何开启这段关系"。

品牌和企业要如何做才能和数以百万、千万乃至更多的用户走过从陌生到亲密的阶段？

| | 0 | 200 | 400 | 600 | 800（家） |

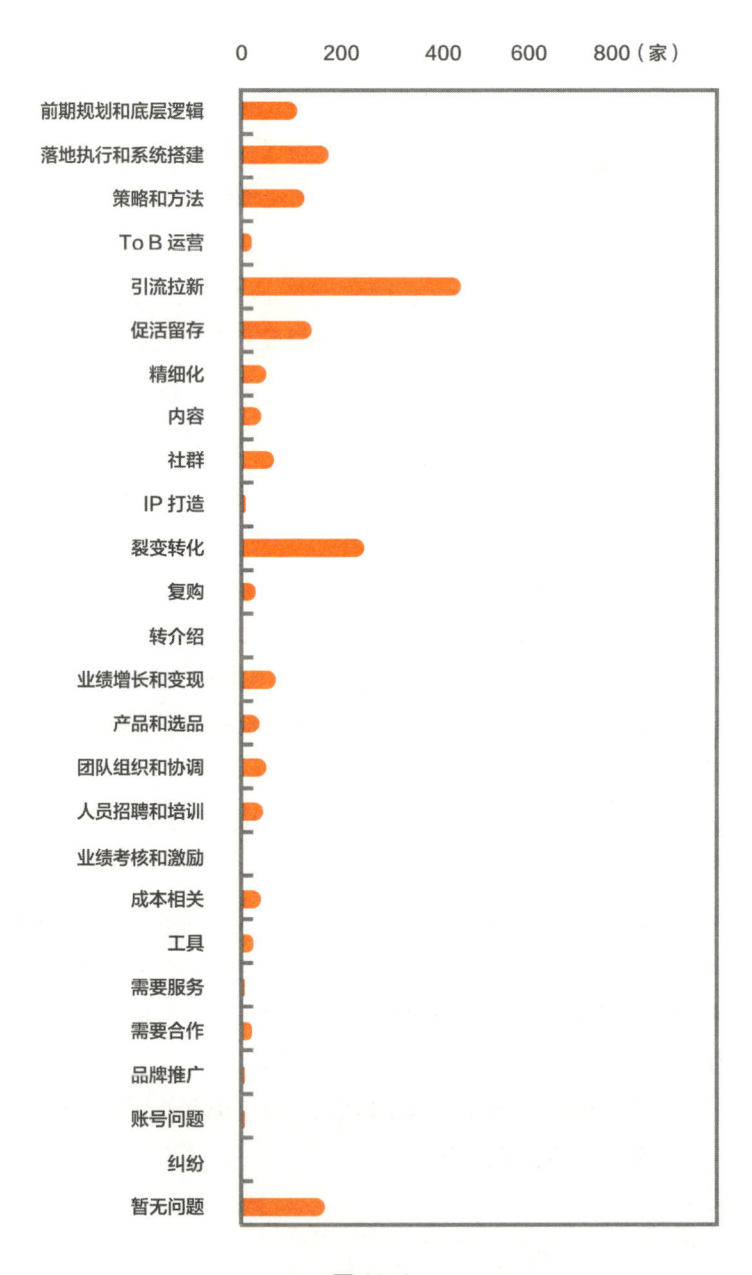

前期规划和底层逻辑
落地执行和系统搭建
策略和方法
ToB 运营
引流拉新
促活留存
精细化
内容
社群
IP 打造
裂变转化
复购
转介绍
业绩增长和变现
产品和选品
团队组织和协调
人员招聘和培训
业绩考核和激励
成本相关
工具
需要服务
需要合作
品牌推广
账号问题
纠纷
暂无问题

图 10—1

血缘和地域

微信读书在每周推荐中向我推荐过一本社会学专著《熟人社会是如何可能的：乡土社会的人情与人情秩序》，作者是河南农业大学副教授宋丽娜，书中讨论了一个非常有趣的话题——乡村社会的自己人认同。在该书叙述的大背景下，血缘关系结构和农民的自己人认同是理解农村各种社会现象的基础，也彰显出不同的行为逻辑。宋教授在书中引用了一个已有结论："自家人是运用亲缘关系的身份特征确定的，自己人则是借用拟血缘关系的交往特征确定的，也就是说通过比拟血缘关系而建构自己人关系。"

本书讨论的在企业/品牌和用户之间模拟和建立亲密关系与宋教授的结论相似，因此我格外留意和阅读宋教授在书中的表述："在农民的日常生活中，'自己人'是最重要的社会支持网。在对是否属于自己人这一问题进行考察时，笔者是通过一个问题进行衡量的，即'如果兄弟与人打架，你遇见了会不会上去帮忙'，如果被调查者不假思索地回答'会'，那么这意味着农民骨子里就是把兄弟看作自己人，认为给兄弟帮忙是天经地义且可以不问缘由的事情。在亲密的兄弟关系中，打架帮忙就是一种姿态，就是自己人的姿态，这意味着**自己人认同的意义要远远大于帮忙打架可能带来的风险。**"

宋教授认为，自己人认同在农民日常生活中的含义一分为三，分别是信仰层面（祖先崇拜与同根意识映射在生活中，自己人依附于农民的血缘关系之上,农民可以不问理由地把族人当成自己人)、社会层面(荣耀时分享,困难时相帮,自己人就是在舆论和道义上的社会支持网),以及功能层面(日常生活中的互助和合作、农民日常交往的需要、红白喜事中的互助合作等,自己人圈子就是一个互助与合作单位)。

透过这些叙述,我们仿佛又看到了"亲密关系"、"超级用户"和"品牌特权"等关键词。宋教授简略提到,血缘和地缘关系是农村社会基本的社会关系,可以协助农民构建自己人认同。差别在于"血缘关系是形成紧密的自己人认同的关键,而地缘关系只能形成松散的自己人认同",认同也因此具有了不同的性质。

富力俱乐部的球迷

我们也可以在商业世界中感知到地域(也就是刚才提及的地缘)是如何帮助企业/品牌与用户形成亲密关系、获得超级用户的。

在好友蔡斯的推荐下,我得以进入富力足球俱乐部,观摩他们是如何运营俱乐部的。我是一个纯粹的足球门外汉,记得在腾讯工作时还曾闹过一个笑话,当时支援世界杯报道项目,在一篇文章中将世界杯和欧洲杯搞混,被网友在评论中指了出来。然而追踪"超级用户"和"亲密关系"这个大话题时,体育是绕不开的领域。现在,富力俱乐部已更名为广州城足球俱乐部,也受到了足球政策变化(大势)的影响,不过,为了表述简便,我在此还是沿用调研时的名称和当时记录的数据。

那时是 2018 年 5 月，印象最深刻的是当时遇见一位球迷祥哥。1964 年出生的祥哥告诉我，每当富力足球队在当地有比赛时，他都会带着其他球迷一起，提前三四个小时入场布置，如准备呐喊助威的道具，或者询问现场有什么需要协助的事情。球队外出比赛时，祥哥也会跟随前往客场助威，一年至少两次。他简单算了一下一年中花在这些事情上的费用，不低于 1 万元。

我好奇地问他："你觉得自己和俱乐部之间像什么关系？"祥哥想了想回答说："像兄弟！"从这些叙述看，他也是一个典型模拟亲密关系中的超级用户，投入了大量时间和费用在自己喜欢的球队上。

富力俱乐部当时提供给我的数据显示有 11 个球迷会，总人数约 5 000 人。正好在我去访问前的一个月，富力俱乐部对这些球迷进行了一次调查，也将结果分享给了我（见图 10-2）。

祥哥这样的超级球迷都非常喜欢富力在本地的球员选拔，喜欢他们提出的"复兴南粤足球"的方向，最终在调研结果中被用"本土化""南派足球""技术传控"等词语概括出来。其实，祥哥身上还有一个更重要的因素：他就住在越秀山体育场（富力俱乐部的主场）附近，也一直在这个球场看球。

在访问富力俱乐部之前，我特意去《体坛周报》办公室求教了其总编辑骆明，他告诉我，球迷忠诚的几大因素中，首先就是地域因素，因为球迷可以参与其中，其次是胜负（能否一直赢也很重要）、陪伴（长期胜负、长期成长）等要素。对一支球队的认同感则源自其文化氛围，球迷会在一开始就被球队文化吸引，然后内化成自己性格的一部分，是一个相互影响的状态。这已经超出球场本身。

对富力及其竞争对手的品牌形象认知

功能／消极／积极

技术传控、攻强守弱、本土化、南派足球、青训不错、年年卖人、激情、年轻

竞争对手：投入大、球迷文化好、国际化、管理规范

普通球迷

从回应上大多数受访者对富力缺乏情感上的认同，比较侧重一些表面的行为认知，其对竞争对手的感觉也是比较表面化的。

这一类人的转化很有挑战性：
—通过热门赛事
—通过热门球星
—通过周边活动
—通过球票优惠
—长期建立品牌形象（宣传语）

图 10—2

事情是最好的介质

日本 NHK 电视台的记者留意到此前做节目时遇到的一位采访对象失去了联系，他们担心这个人是不是已经"在什么地方孤零零地死了"。这样的担心不是没有道理，记者们早就注意到，在日本，"身份不明的自杀者""路毙""饿死""冻死"之类"无缘死"一年中多达 3.2 万例。

他们所谓的"无缘"是指没有社交关系，没有社交关系的社会自然被称为"无缘社会"。近几年来，日本"无缘死"的死亡人数在不断增长，记者们决定去追踪这个现象，采访就从尸体无人认领、孤独终老的"无缘死"现象开始。像刑警追查案件一样，记者从"死亡现场遗留的极为细微的线索探寻一个个死者的人生轨迹"。

他们知道当今是一个任何人不与别人交往也可轻易地独自生活的时代，也知道这些"无缘"的人在过去几乎都是和自己一样的人。但现实是，许多人正一点一点地与社会失去关联，开始独自生活。在采访的过程中，记者们看到：

- 与故乡和同学的关系在崩塌，第一个追踪的亡者与年轻时一同求学的同学十几年都未曾联系，就更别提了解现状了。
- 亲戚关系都在渐渐淡去，政府部门福利管理科告诉记者，很多亲属不愿意前来认领遗体或骨灰，"说自己是远亲，跟死者已经十几年没有来往了"。

- 社区邻里之间联系越来越少，当年"一年到头都有居民们搞的活动，如今只在每个月一次的清扫活动时，大家才有机会碰头"，甚至到了连居民姓名簿都编不出的地步。
- 婚姻的消失，15.2% 的日本人选择不婚。
- 与工作失联，一旦失去与工作的关联，就会暴露出与世隔绝的孤独面。

尤其是家庭和工作，是人们生活中最主要的关系，它们的缺失让日本出现了很多严峻的问题，如一些死者甚至过了好几周、好几年才被发现，很多遗体无人认领。连最被看重代代相传的家族墓地，也渐渐无人打理。说是社会悄然巨变，也毫不为过。

由这一系列采访剪辑而成的纪录片就是《无缘社会》，后来据此整理成同名图书。这些在 10 余年前（2009 年）开始的采访，哪怕现在翻开也会看得人心有戚戚。

让人唏嘘的是，现实生活中人们正在渐渐失去现有的亲密关系，或者忙不迭地逃离曾经让人们引以为豪的大家族、大家庭，却又借助虚拟的社交媒体努力在企业和用户之间模拟和构建这些亲密关系。现实生活中失去或丢弃的，反而希望通过模拟来填补，这真的能行吗？

好在记者们没有停留在简单现象的描述上，他们开始跟踪观察一个名为白滨救援站的非营利组织，以期找到"孤独的人如何建立关系"这一问题的答案。刚加入几个月的河上君作为采访对象进入了记者的镜头，这位同时失去了家庭和工作两个强关系的"无缘人",现在找到了一件事情做——每天将豆腐渣做成饼干,他觉得豆腐渣变成点心的过程像极了他重新找到生活意义这件事。一同陪着他工作的还有那些因"无缘"而聚在一起过集体生活的人,甚至包括前一晚刚被救过来的轻生男子。河上君直言劝他,不要独自冥思苦想,碰到什么事情就和大家一起商量。在帮助他人的过程中,河上君感觉自己又重新出发了。

人们围坐在一起做饼干、一起洗刷使用过的工具、互相招呼、感谢他人的帮助,也一同排练,为即将到来的圣诞节聚会准备节目。在排练中,几位连音符都认不全的大叔一次次失误,又微笑着互相鼓励。到最后的表演时刻,台下观看表演的人并没有因为他们出错而嫌弃,就像朋友们在一起时一样,为他们鼓掌加油直到圆满结束。记者们发现,经过这些事情,曾经失去的关系又被重新建立起来。

回顾整个重建关系的过程,其中三个组成部分非常关键:

- 找到可让人们建立关系的事情;让人们有各自需要做的事情、各自需要待的地方,互相帮助、相互响应对方所做的事情,甚至可以是一件微小的事。
- 建立关联的场所,在家庭、公司、故乡等强关联之外,人与人之间的强关系在这个场所能够重新建立起来。可以是类似于白滨救援站的场所,也可以是类似于一起做豆腐渣饼干、一起洗刷工具、一起排练的场景。

- 帮助参与者找到自己在关联中的存在与角色,让每个人都意识到自己不可或缺,哪怕是帮忙做饭、围坐在一起做饼干。也让人能够从中找到帮助他人的地方,就像曾身处困境的河上君在帮助他人走出困境中汲取力量。

为什么要先找到一件事情?在陌生人之间,关系的构建需要一个介质。就像 20 世纪 70—90 年代,男人之间递上香烟就是最好的介质,现在,随着禁烟运动的兴起及虚拟生活的不断放大,人们需要一个新的关系介质,事件就成为构建关系最好的介质,尤其是拥有关系特权的新事件。

三种亲密关系都为用户在不同事件背后所能扮演的角色提供了参考:一是在企业自居为晚辈的亲密关系中,用户可以参与"养成"这个品牌;二是如果企业认为和用户是"兄弟",用户在强信任下愿意提前付费预订某项服务;三是企业如果自居长辈,则要时时陪伴自己的用户,看到用户有难处时要伸手援助。

如果回到三个增长飞轮中,六大驱动力之上诞生出了许多强有力的增长策略。不过,纵观第一批由它们浓缩而成的六个字——"拼、帮、砍、送、比、换",会发现他们多由三大驱动力(关系驱动、利益驱动和荣誉驱动)分别组合而成,事件驱动、兴趣驱动和地域驱动还没能发挥作用。

不必担心,社交网络中任何一个促成大增长、大裂变的策略,根本力量都来自"可让好友之间关系更紧密的互动行为"。当关系走到了亲密这个节点时，剩余的三大驱动力（尤其是事件驱动）就要开始发挥关键作用了。

事件的根本有两个，一是形成了各种时刻，二是会吸引用户主动投入更多时间。在"我很可亲"的关系中，我们看到"时时陪伴"带来的关系跃迁。实际上，增进关系有赖于互动本身——人们投入了 60% 的时间在亲密关系的互动上，反过来，花在某件事情上的时间越多，增强亲密关系的效果越明显，即人们做得越多，就会越多地倾注自己的情感，建立更强大的情感连接。就如河上君帮助刚加入的"无缘男子"时感觉自己也在重新出发、孤独的老人看着青涩的销售人员忍不住出手指导、住在附近的祥哥成为富力俱乐部的超级粉丝、门店店长为常客订购一杯奶茶或咖啡、《赘婿》的书迷帮助作者冲击月票榜第一名。

不过，事件和时刻并不仅止于此，事实上，还有极大的扩展，比如最近我参与了一个广告节奖项的现场评审，看到一个很有启发的案例。当时现场有一个快手 2021 年春节期间的营销案例也在争夺各大奖项，工作人员在复盘案例时提到，打造"长线现象级事件"会为营销提供想象不到的帮助。她在解释这个"长线现象级事件"时用滴滴红包举例：用户可以不断地发送和领取红包，并乐此不疲地持续下去。在实际运用时，快手干脆在春节期间每 60 秒就发送一个超级红包供用户"抢"：每当一个红包发完，一个新的 60 秒倒计时又继续滴滴答答在手机上走起。试问这样的"事件"谁人不心动？

蘑菇租房的会员体系与进阶

接下来是如何占有用户的更多时间。

2019年年底，微信上流传着一份300多家当年创业失败项目的名称列表。那份名单或许只是开始，因为在最近两三年的市场大变局中，房产、K12教育、游戏、饭圈、长租公寓等领域都因政策或市场环境变化而剧烈波动。就在这样的氛围中，我和蘑菇租房的联合创始人田东岭进行了一次深聊。

事情要从2019年年初说起，那时田东岭在小圈子中和朋友们提到，他们正在危险的至暗时刻展开自救。此前蘑菇租房几乎一直处在高光时刻，身处行业第一，B端客户数量超3万（这时行业第二名的客户仅3 000多家）。一路高歌猛进的他们吸引了来自阿里的战略支持，支付宝将珍贵的大流量几乎免费提供给他们。2018年下半年，他们顺势开启D轮融资谈判，通常，这轮融资完成后即意味着上市临近。谈判中，投资方给予其极大的肯定，连投资协议都早早签好。

危机比想象中来得迅速且凶猛。就在投资款将到未到之际，整个融资大环境一下子变得不那么好了，并直接牵连投资款项迟迟未到账。此时蘑菇租房还在按照新融资到位的规划，猛踩市场油门，免费提供所有服务，甚至每月提供给客户的补贴就达300多万元，公司每月的平均运营成本也超2 000万元。融资变故顿时让蘑菇租房陷入困境，如果不能走出来，可能2019年失败者名单上就会有这个团队的名字。这就是田东岭提到的至暗时刻。

田东岭详细制定了团队自救策略，第一个动作是立刻停掉补贴，将所有免费项目变成收费项目。当时团队还担心会不会导致数据垮跌，待第一个月结束后，团队松了一口气：客户活跃度只下跌了 20%～30%，大部分客户留了下来。就在这个月，客户总计支付了 500 多万元，帮助这个团队活了下来。

我在 2019 年年底约访田东岭，就是想知道蘑菇租房的后续发展如何。他告诉我，有近 4 000 家客户在付费使用蘑菇租房服务，很有可能顺利走出至暗时刻。他在翻查客户名单时发现了一个有意思的特点：付费客户和蘑菇分有着非常明显的联系（见表 10–2）。

表 10–2

蘑菇分	已转化比例（%）
≥ 800	92.2
500 ≤ x < 800	84.4
300 ≤ x < 500	54.1
100 ≤ x < 300	46.3
< 100	3.9
付费企业占注册企业总数的 11.5%	

蘑菇分为 800 分及以上的客户，有 92.2% 转化为蘑菇租房的付费客户。第一批迅速支付费用的客户几乎都属于最活跃的前 1 000 家客户。蘑菇分为中间三个等级的客户，转化为付费客户

的比率分别为 84.4%、54.1% 和 46.3%。蘑菇分不足 100 分的客户转化为付费客户的比率则锐减到 3.9%。选择离开的 2 万多家客户几乎都是使用深度不足的。

田东岭认为，蘑菇分反映的是客户对服务的依赖程度，分数越高，依赖度越高，分数低则说明客户的使用深度和依赖度都不够，自然无法转化为付费用户。

蘑菇分是蘑菇租房在 2017 年设计、推出的虚拟积分制度，用来计算和衡量客户的活跃及黏着程度，体现客户对平台的价值（见图 10-3）。当时以免费提供服务切入市场的蘑菇租房团队希望看到更大的传播规模，以便尽快覆盖潜在客户。而免费模式的关键是验证产品和客户需求的贴合度，用一个指标来了解客户的健康情况、衡量和划分客户活跃层级，就是一件值得做的事情。

蘑菇租房最初这样设计分值的参数构成：

$$蘑菇分 = (经营规模 + 系统管理 + 在线收租) \times 系统活跃度$$

式中，前三个参数分别代表着出生背景标签、系统使用黏着、对支付的贡献。这是蘑菇租房团队最关心的三个维度：出生背景标签（经营规模）指越大的客户和企业合作越优质；系统使用黏着（系统管理）的背后是蘑菇租房推出的整套 SaaS（软件即服务）管理系统，受所处的公寓管理行业复杂性的影响，日常管理甚至可以拆细成几百个功能点，使用越多，意味着系统和客户越契合；对支付的贡献（在线收租）则意味着信任和闭环，因为如果没有收租功能，可以将管理系统做成单机版，无须和蘑菇租房有

图 10-3

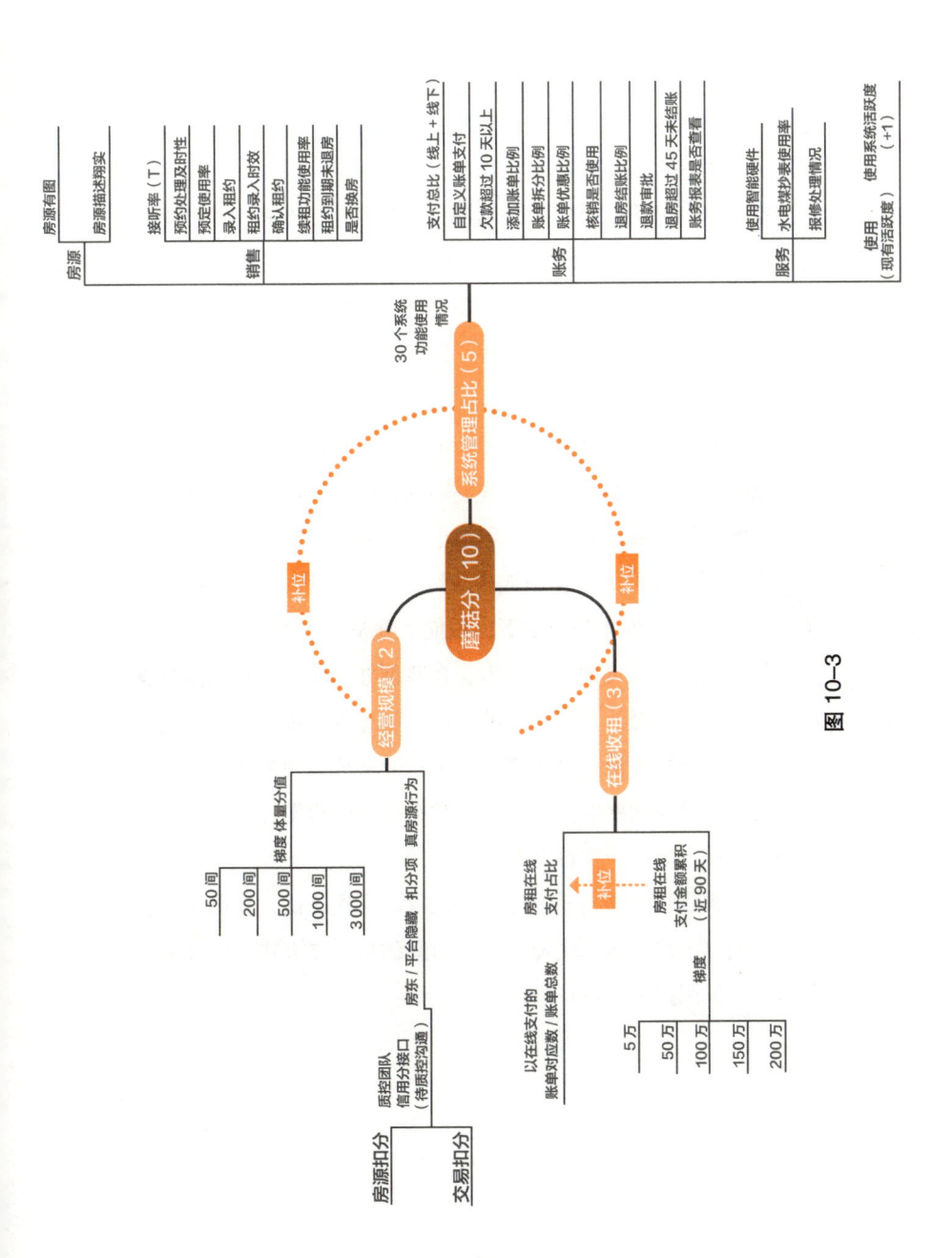

过多交流。系统活跃度则代表客户的活跃程度。如果活跃度过低，上述设计再好也是空谈。

设计这套分值时对应的是早期免费阶段，一方面，通过积分能更了解客户，只有做到了解，才可以引导客户往某个方向发展；另一方面，如果在平时，只需根据公司的阶段性战略对权重分值及时调整。当企业进入付费阶段后，重要指标变成了付费率、续费率、单价金额等。

在分值引导下，蘑菇租房清晰地看到了自己的超级用户在哪，并得以提供对应的服务。如果进展顺利，仅通过辨识和服务超级用户，蘑菇租房或许就能够顺利走出至暗时刻。

不幸的是2020年春节疫情暴发，在更大的灰犀牛面前，2021年2月这家创业公司倒下，没能最终坚持下来。

创业这件事情可谓九死一生，在我创办见实后，对此体会越发深刻。很多曾经认为很简单的事情，没想到推进起来全是磕磕绊绊。新冠肺炎大流行又对许多传统行业造成猛烈的冲击。不去评估成败，只说这些案例及其珍贵数据带来的启发。毕竟，走过的每一步在人生经历中都算数。

回顾蘑菇租房的自救过程，我们得以再次确认，会员制一直是锁定用户（甚至包括企业客户）时间的最主要方式。会员制的根本其实是用户进阶设计。

价值观让亲密关系更稳固

让人们顺利稳固在亲密关系中的还有价值观。价值观在"躺赢时代"帮助超级用户赋予品牌强大的竞争力,也在稳固用户和品牌之间的亲密关系。

这一点,我在婚姻中看到了相似之处。能让两个陌生人最终走到一起,每天生活在同一屋檐下,婚姻大概算是关系递进过程中最极致的观察领域。在百合网的北京办公室,我拜访了时任百合网高级副总裁的张维作及他的同事闻宾,看到了这样一个"亲密关系3T公式":

亲密关系(Intimacy)= 双向自我表露(Talk)+
多样的相处经历(Togetherness)+ 相处的时间(Time)

式中,相处的时间,我们可以将其理解为时间货币,即相爱的人总是嫌在一起的时间太短,嫌两人独处的时间不够多。百合网在实际运营中就对"相处的时间"感知很深。通常,如果两个陌生人相互感兴趣,哪些关键因素会为亲密关系的形成提供帮助?在百合网的无数个案中,可以发现双方都希望有更多的接触机会,这也成为百合网运营依据的一大原则。

整个公式落地到运营中,可以用"相识—确定关系—稳定关系—结婚"四大阶段来概括,这也是两人婚姻关系递进的不同阶段。

两个相亲中的陌生人在线上接触并聊了五六回后，会转移到微信沟通、尝试约着线下见面，如果两人很契合，就会离开百合网，不再登录账号。若用户再度回来，那一定是关系崩塌了。因此，婚恋网站大概是最不追求用户活跃和复购的行业。

在两个陌生人相识之前，百合网就会通过一套问卷和测试题来评估用户，其中包含了价值观。

有趣的是，很多单身人士其实并不知道自己的择偶需求。张维作和闻宾在工作经历中感知，颜值、外在（如身高、地区、学历、收入）、内在（价值观）是三大能否形成恋爱关系并最终步入婚姻殿堂的条件。例如，男性和年轻女性都追求"颜值"，年龄略大一些的女性不太注重颜值，更关注外在条件。

但颜值只是让人产生接触和了解欲望的前提，真正要缔结亲密关系还是依靠外在和内在。 百合网积累的数据显示，成功建立婚姻关系的人中，最终只有10%选择的另一半和择偶中的自己所列的择偶要求相符，90%都对应不上。

很多时候，人们都是幻想着恋爱对象，对在接触过程中需要哪些性格和付出都不在意。最终，某些要素会盖过所有。比如一个年轻女性想找一个外表帅气的对象，但当她遇到一个对她特别好、其性格和特长（如艺术方面和厨艺）能让女孩产生对生活源源不断的热爱，她就会忽略其他条件。

想象中的美好一旦进入现实，就会产生心理落差乃至冲突。张维作提到，**让关系崩塌的两个主要因素分别是期望值和价值观。** 期望值可以理解为很多人根本不知道自己要什么，或者正在相亲的对象不匹配自己的择偶需求。价值观则主宰着人们的生活方向与方式，影响着每个人对身边事物的反应。如果两个人的价值观不一致，意味冲突、矛盾，也意味着不幸福和持续的痛苦。这也是内在的重要构成。

简单来说，当价值观不符时，双方就会在装修问题、收入多少、去哪旅游等小事上争吵不断，最终走向分手，因此返回百合网继续寻找合适的伴侣。

这也是为什么两人进入"确定和稳定的关系"阶段后，张维作通常会建议用户外出旅游——长时间地相处和相互了解，在旅游途中，个人喜好、消费习惯、和谐度，尤其是价值观，都会充分展露出来，恋人往往能在这个阶段充分认识彼此。

价值观一致，两人会相亲相爱、相互扶持（用户长期留存）；价值观冲突时，也就是说再见的时候了。

让关系开始的六大要素

看到这里，我们再将曾提及的信息汇总，我们正在寻找的答案就浮出水面：让品牌和无数用户在一对多之间建立起亲密关系，可以从这六大要素入手。只有从这里开始，才有了后续的三种亲密关系，以及长期陪伴。

关系要素一：随时随地可触发关系的事件。

用户不论何时面对企业，永远有一个事件在那里等着他参与。这个事件的前提和基础是让人们相互之间可以建立联系，或是增强好友间的互动和亲密度，或是用户得以和企业形成关系。

例如，粉丝主动帮作者争夺榜单、粉丝投票"养成"新艺人、老年人忍不住帮助青涩的销售员，甚至包括品牌的每一个时刻。事件不在乎大小，也不在乎哪些场景和环节，甚至可以贯穿运营的全过程。

关系要素二：随时随地可以互动的场景。

例如，蔚来为每个用户建立的专属服务群、保健品公司为老年人建立的各种小组、粉丝为艺人建立的后援会和各种工作组，甚至包括建立私域时使用的微信和企业微信，都可以称为场景。发起事件之后，企业可以运用和构建无数场景，来容纳用户和品牌的互动。这些场景不论线上线下、实物还是虚拟。

关系要素三：让用户明确自己是不可或缺的角色。

在发起的事件中，用户非常清楚自己正在扮演的角色，以及可以做出的贡献。这种明确不是用其言语表达出来，而是通过行动。如《冈仁波齐》的400位用户变成"自来水"，不断撰文推荐这部电影，并包1 000场专场电影来协助；周深的粉丝面对那些可能的额外赠送权益而不妥协，坚决维护爱豆的形象。

关系要素四：充分运用地域和兴趣等要素。

地域驱动和兴趣驱动是社群运营的六大驱动因素之一。当品牌要与海量的用户模拟和建立起亲密关系，地域相近、兴趣相近就是建立起用户的自己人认同的重要构成。这或许是门店店长为老顾客订购一杯咖啡，或是保健品公司组织老年人旅游。

实际上，在私域浪潮崛起之初，拥有大量线下连锁门店的品牌率先推进并受益，原因之一就是围绕 LBS（地理位置信息）所建立的群、转化的用户催生了许多高效的运营策略。

关系要素五：让关系持续进阶的方式。

当前，企业可以轻易评估用户的活跃指数和生命周期。只是怎么衡量和计算用户与品牌之间的亲密值，这个问题估计会是接下来的一大挑战。

相对应的是，用户的持续互动和活跃进阶并不难，借鉴社群运营和会员管理，都可以看到很多用户进阶的运营策略，包括高频带低频、轻互动等方式。但如何持续增强用户和品牌模拟和建立的亲密关系，则要回到三种亲密关系的出发点去思考。

关系要素六：品牌和用户要形成一致的价值观。

百合网没有说错，或许只有 10% 的用户会因颜值而选择某一品牌，但一定有 90% 的用户因价值观一致而选择长期和品牌站在一起。同样，价值观冲突也是粉转黑最快的时刻。今天国潮崛起的背后，也是年轻人的价值观在起巨大的作用，这影响了华为手机，影响了鸿星尔克，影响了许多国货之光。

私域浪潮与商业未来

业界反复在问一个问题：私域的天花板在哪里？或者说，私域的作用能持续多久？许多企业担心这个新浪潮过虚，以至于无数投入被浪费。其实这个问题并不难作答，亲密关系推动了新社交红利的爆发,也指出了私域大潮的极限。

百应科技联合创始人赵雪洁与我分享过一个他们展开的调研。这个团队曾经想评估业界私域运营的现状,因此向用户发出一个问题:"您认为您最多能接受多少商家的邀请?"很快,500多人给予了回复(见图10-4)。

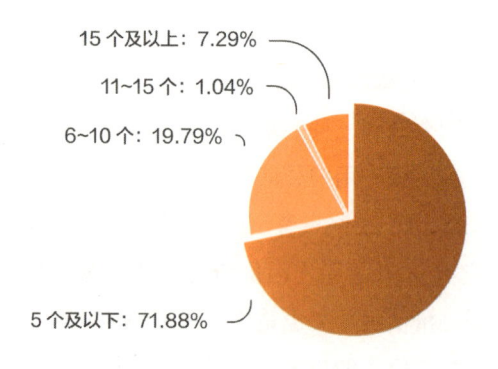

图10-4 一个用户能成为多少个商家的私域流量

71.88%的用户只接受不超过5个商家成为自己的微信好友;19.79%的用户接受6~10个商家;愿意接受11~15个商家的数量最少,只有1.04%;7.29%的用户愿意接受15个及以上商家成为自己的微信好友。

这组数据在邓巴教授提出的亲密关系数据范畴内。邓巴教授曾提及,用户60%的时间给了亲密的15个人,85%的信息给了最亲密的 2 个人。换而言之，用户对私域品牌的承载数量是有限的，品牌如果不能成为用户的 15 个亲密好友之一，就无法享受到亲密关系所带来的红利。当然也无法模拟和增强亲密关系。

用户的亲密关系数量就是私域的天花板。

而私域的本质是企业和用户在一对多之间模拟和增强一对一的亲密关系。私域是企业用户关系运营的开始。我们常说的私域运营，则是如何让用户与品牌从陌生走向亲密，在每天的点滴接触中如何递进和增强这些关系。

后来，我和杨炯纬也深度讨论了这个问题，他是一个在中国互联网广告发展史上写下浓墨重彩一笔的人物，2000 年加入了创办没几年的好耶网，并在 2007 年出任总裁。这家公司后来成为中国最大的在线广告营销公司，彼时连续几年在网络广告市场中排名第一，营业收入一度占当时互联网广告半边天。2009 年，杨炯纬又创办聚胜万合，并于 2016 年被 360 集团并购，杨炯纬随即出任 360 集团高级副总裁。他和我长聊时，刚刚从 360 集团离职，并创办了一家新公司，选择的领域正是私域行业。

在他的观察中，私域几年后或会见顶，但私域开启的新商业变革才刚刚开始，这会催生一个非常长的产业红利期，时间或至少长达几十年，并且规模超乎想象。杨炯纬看到的是，私域会改变科学管理体系，将行业领入一个几十年的新发展阶段。

从 1911 年泰勒开始，到法约尔、马克斯·韦伯，这些泰斗级人物以分工、流程化、标准化、工业化为导向，经历 100 多年才初步完成这个科学管理体系，但流程管理和控制论到今天还远没有结束。以我们常说的官僚体系为例，这个最早从德国军队体系中衍生出来的常见管理方式，要求企业在每个节点必须严格遵守预设好的流程，这促进了整体效能。

问题在于今天变化太快了，流程总是跟不上时代变化、客户变化，就算很多企业不停地做流程再造，也依然跟不上市场的步伐。杨炯纬经历多年大企业形态后越发感受到，私域会促发其中的协同形态、沟通形态甚至组织形态以新的自我演进。

这些所谓的新形态是什么呢？

今天的工作，我们早已经习惯在群中进行。不同部门、不同岗位和职级都在，随时拉进新的协作人，通过对话共同维护、跟进记录并落实执行。这已经相当于自组织。只是工作不再处于所谓的流程系统中，而是进入了群协作，进入了基于某个目标随时和客户、更多合作伙伴拉群建立协作自组织时代。

几乎同一时间，我的老同事、腾讯公司副总裁栾娜也看到了类似的演变。她说，商业形态因私域而开始了不可逆的演化和重组。2021年年底，就已经有1 000万家企业开展私域运营，站在腾讯的角度观察，看到的过程大都是企业先和服务商一起尝试，随后成立小部门、设置固定岗位，逐渐积累越来越多的运营技巧并卷入越来越多的部门。在这家社交媒体巨头看来，用户如果体验并认同了品牌围绕亲密关系、私域构建的玩法，习惯就很难迁移。今天的商业视角，包括底层技术、技术应用、经济状态、社会组织等，都是围绕"人"这个核心展开。每项升级都会彼此推动，形成不可逆的进步。

换句话说，用户希望并习惯了企业以即时、一对一、个性化的方式高质量地提供服务时，任何过去的流程、企业内部协作的方式、商业形态、产品的设计和提供、服务的交付流程、价格的制定等都无法支撑，必然只能跟着用户的需求调整，所有的决策都要迁移到最前方的那个接触点上——这当然是值得的。今天用户在付费购买、长期复购和真诚转介绍上所爆发的力量，让曾经传统的获客方式相形见绌。腾讯广告部门就曾披露，哪怕是用了非常轻量的变化，获客成本也只有传统的 30%。

这恰恰是我在书中所强调的：亲密关系会释放新一轮社交红利，私域流量是这轮红利中呈现的第一波浪潮。

私域或很短，亲密关系所主导的红利却很长。

改变商业的不是私域，是企业和用户之间形成的亲密关系，而亲密关系所开启的商业未来才刚刚开始。

扫描二维码
欢迎和我随时交流

扫描二维码
购买配套私域增长课

后记 & 致谢

　　如你所见，本书中案例的时间跨度从 2018—2022 年，至少包含电动汽车、手机、足球、影视、社交媒体、教育、保健品、娱乐、电子商务、女性社群、网络游戏、小游戏、网文、社区团购、长租公寓等在内的 22 个领域超 37 个大中型案例，小型和引用案例更多，其中绝大部分都是逐一约访并梳理而成，许多数据都是第一次公开。

　　在写作过程中（尤其是最后的修改阶段），这个感知无数次出现在脑海：写一本好书、相对畅销的书并不难，难的是超越当下的思想限制，透过现在看到未来。

　　这已经是我创作的第四本书，从《社交红利》《即时引爆》到《小群效应》，再到本书，构成了一个"社交红利"系列。此前几本的销售和口碑都不错，每当我前往一个陌生城市或圈层，与其自我介绍是某公司的首席执行官，不如说自己是这上述几本书的作者，通常很快就会打开局面——对面的朋友或其团队多半看过。

从第一本出版到现在,将近10年。不论是哪本书,核心数据和案例都是采写而来,一手而严谨,覆盖行业和领域、对应现象都尽可能全面,以相互印证。这是我说写一本好书、相对畅销书并不难的原因。所需的仅仅是笨功夫:闷下头去一个个调查、约访、搜集和整理。

整个系列明线上紧跟社交网络发展过程中的一波波增长和创业机遇,从大时间周期上看,基本上每过三年便会萌生新的趋势。其中也有几条非常值得一提的暗线。

暗线之一是丰饶经济与用户投入产出比,即实际生活中,用户总是希望投入越来越少,获得越来越多。而当用户身处什么都不稀缺乃至丰饶的环境中,产品和服务要好到什么程度才是用户所希望获得的?

暗线之二是不同关系所促发的不同商业现象:《社交红利》作为开始,记录了社交网络及"关系"如何开始对我们的工作和生活施加影响;《即时引爆》是在弱关系的广场形态中,用户的"好奇、共鸣、想学"带来了意想不到的即时爆发现象,以至于一个轻量产品能在短短数天内席卷海量用户;我将《小群效应》中的小群定义为强关系,每个用户活跃的小群基本是熟悉的、由符合"三近一反"特点的朋友们所构成;本书则直指亲密关系及其势能。

虽然我们在不同阶段采取的应对措施明显不同,但仍要强调:不同阶段并不是非此即彼,相反,企业在过去几个阶段基础越强大,在新阶段就越发得心应手。例如,在当下超级用户为核心,企业不断推进、增强自己和用户的亲密关系时(在这一刻,大家更习惯私域流量这个说法),广告投放、社群运营、内容运营等反而是被采用最多的基础运营策略。同样,在我们针对4万多家运营私域的企业所进行的调研中,用户增长也是排名靠前的企业刚需。

本书本不应耗时4年,中信出版社编辑刘子英早和我约定好在2020年出版本书。那时上个版本的书稿已经有400多位朋友完成试读并给出了修改建议,但我一停就是一年多时间,恰恰是因为思想限制——不是眼界不足,而是变化太快,以至于我们随时有被时代甩开的危险。

例如,2017年起,小程序是最火的创业领域,2020年新冠肺炎疫情暴发,小程序迅速由虚转实——由大家认为是一个创业新大陆变成了私域三大转化落地场景之一(其他两个分别是社群、官方导购)。小程序从几个月内迅速融得多轮风投变成了无投资人问津,但行业数据显示小程序在2021年至少实现了3.2万亿元的电商销售规模。

社区团购也是如此,2018年年初开始从长沙兴起的新模式迅速成为资本的最爱,并在2020年新冠肺炎大流行期间受到官方媒体的盛赞,却在2021年大退潮,许多创业团队因坚持不下去而倒闭。

它们都和社交网络带来的市场变化紧密相关,和大势紧密相关。

而且最常见现象是,玩法不敌大势。

本书虽然明确"私域浪潮"——这个词从诞生之日起就受到

许多用户的冷嘲热讽，他们不愿意让自己成为其他品牌的流量，甚至企业微信早年也回避提及。但市场发展比想象中迅猛，到本书出版时，私域已是浩浩荡荡、不进则退。

有趣就在这里，即便今天行业充分认同私域确实是一个影响未来很多年的新浪潮，我常被问及的问题却是它能持续多久、发展到多大？

我创办的见实深耕于此。但是，我对这波浪潮的认知可用写在本书中的一句话来回答：亲密关系促发了社交红利新浪潮，私域只是其中第一朵小浪花。

这正是我在书中并不是言必提及私域的原因，相反，更多地围绕亲密关系的本质展开。亲密关系的种种特质会在更长时间、更大范围内影响业界——其实现在已经如此。

简单来说，私域或很短，亲密关系所主导的红利却很长。

社交媒体一直少有研究亲密关系的运用，对于所要引发的商业变革、行业变革、组织变革等很少触及，现在却隐隐约约来到我们眼前。这一切要怎么写，怎么去洞察？

这是我中间暂停写作的原因，我开始去搜集更多案例，约访更多行业专家。见实整个团队每天也投入在案例深度采写和研究方面，就这样又过了一两年，直到2022年的到来。

且不说见实团队持续搜集整理的案例和数据，仅就本书所涉领域，搜集的案例和数据也比想象中走得远。以足球领域为例，我不仅得到《体坛周报》宋颂的极大帮助，因此约到其总编辑骆明和长驻西班牙记者武一帆长聊求教，还在刘海博女士的帮助下和丹麦国家足球队前新闻官拉斯对话，还有拜仁球迷会同仁会全国会长李巴乔、石家庄尤文球迷协会负责人王梓、曾在英国少年足球队任教的付立达教练，等等。虽说其中多个案例没能在书中呈现，我却因此对球迷生态从完全一无所知到终于有了些许了解。

网络游戏也是，搜狐畅游《天龙八部》团队、网易《大话西游》团队，我都曾上门长时间求教，得到了他们细心且详细的解答，即使现在我翻看当时的访谈纪要都感叹精彩不已。只惋惜一本图书写作有其逻辑线，不得不忍痛舍弃许多。

其间当然也曾被无数次拒绝，但更多的是类似上述这样热情的响应和帮助。因此我心里一直十分感激。感激自己所处的圈子和行业、所在的大时代、曾经的经历、所认识的朋友们，感谢每一份点滴帮助。

现在对于本书，我也不是没有缺憾。比如你看完全书后会发现，模拟平辈（我很可信）和晚辈（我很可爱）的亲密关系引发了许多商业现象，并用单独的章节做了特别阐述，但模拟长辈（我很可亲）所引发的商业现象，我却没能在案例中找到。

本书的出版意味着我超越了自身的思想限制吗？没有，远远不及。

只能说我们推开了对新社交关系观察、理解和运用的大门，其未来会发展成什么样，远非现在的我们所能洞察的。好在大潮仍在奔涌，我们仍在持续且深入地关注着、参与其中工作着。

一本书的完成当然不是一人之力，得益于无数朋友的支持。

书中案例记录下了许多名字，正是这些案例的主角及其团队无私分享了这些案例的实际操作过程及数据，我们才能在本书中按照底层逻辑串联起来。要谢谢这些朋友的分享。

我要感谢许多曾经在案例和数据方面提供了无条件支持和帮助的朋友，感谢大家贡献的每一个案例和精彩观点。感谢！

我要感谢家人们的支持，很多事情他们都在默默承担，只为留出更多的时间供我写作。还有两位可爱的宝宝——得米和曼迪。就在本书写作的过程中，得米上了小学一年级，成为一名勤奋好学的小学生，曼迪从出生到现在也3岁了。因写作而苦恼的时候，多亏得米和曼迪陪我玩耍，纾解情绪。写作还伴随着创业进程，见实科技创办于2018年6月，到现在4年时间，差点儿三度放弃。感谢团队曾经和现在的每一位成员一路坚持和陪伴，他们是洪露露、郑爽、陈姗、任佳敏、刘保山、房中堂、唐露尧、常丹……感谢同事们贡献了诸多思想和案例、一手调研数据，以及中间不断参与修改。

其间本书经历了多轮试读，许多朋友都给出了翔实的书面修改建议，尤其是空手、余鹏、杨玉会、林圣智、钟甄、刘家俊、宁悦、魏旭龙、李岳恒、康伟、王伟男、张烁、郭宇、徐代军、张振彪、张祚勇、岳亚雷、黄伟楠、周天祥、李学斌、王丛洲、李明盛、李枢民、陈治刚、廖文波、洪辉、周江岭、闫磊、肖薇薇、吴鹏、齐菁、窦伟伟、李利红、柳溪、魔王、阿豪、谷祖林……从本书初稿开始，这些朋友就一路参与给出各种修改意见和建议，直到最后版本修改完成。

临近出版，我仍然邀请了一大批朋友帮忙挑刺和给出更多优化建议，包括谈秋平、陈欢、潘颂斌、李长歌、李维远、王督皓……感谢大家。

可以说，朋友们既是几个版本的试读者，也是最后版本的把关人。

有些修改意见真是"劈头盖脸",我只好闷头再改。邀请大家提前试读是我多年来的写作习惯,从《社交红利》《即时引爆》到《小群效应》和本书,一直如是。有这些挑剔的试读者在,本书才能在点滴优化中一步步靠近出版。真的十分感谢!某种程度上,本书也是试读的朋友们一起"养成"的作品。

写作时曾有感慨,图书付梓出版应该只是开始,并不是完成品。也在想是不是会有新形式、新产品,能让一本书从落笔开始,大家就能不断参与和挑刺、优化和修改,这将是一件非常棒的事情。

感谢自己身处的时代,身处的环境和行业,尤其是近年来更加剧烈的变动,让身处其中的我们时时感受到大潮的涌动。这些大潮为现在、为未来的我们带来了无限可能。

谢谢大家。

谢谢每一次阅读。

谢谢每一位朋友的帮助。

行业奔腾,用户多变,我们会在什么新趋势中再见面?

参考文献

前言

1. 微信公众号"见实",《深度：红包玩法正改写流量规则》, https://mp.weixin.qq.com/s/mXKiwiPC4CKGimytdFB9yA, 2020-08-28。

第 2 章

1. 罗振宇,《时间的朋友》2017—2018 跨年演讲全回顾, https://www.sohu.com/a/214427801_163524。

第 3 章

1. 罗宾·邓巴. 社群的进化 [M]. 李慧中, 译. 成都：四川人民出版社, 2019.
2. 罗宾·邓巴. 最好的亲密关系 [M]. 周晓林, 译. 成都：四川人民出版社, 2019.
3. 微信公众号"企鹅智库",《2019—2020 内容产业趋势报告：66 页 PPT 解读七大拐点》, https://mp.weixin.qq.com/s/BmgTqQ7o3C8nFudKPv9NCg, 2019-12-03。
4. 微信公众号"中国消费者报",《投诉量过万！海豚家这么"卖口罩"，是火还是祸？》, https://mp.weixin.qq.com/s/ON2R8LAbVzCzKlQHStbUbQ, 2020-02-13。
5. 微信公众号"见实",《腾讯新财报猛夸私域！》, https://mp.weixin.qq.com/s/NtklGWBjbcXWIj-7RJ0eMwA, 2021-08-18。
6. 微信公众号"见实",《腾讯财报首次定义私域！》, https://mp.weixin.qq.com/s/GcRy7zQbWkn-4GZUdBEf-dA, 2020-08-13。
7. 微信公众号"见实",《企业微信数据显示私域用户总数已达 4 亿！》, https://mp.weixin.qq.com/s/lInLs9U3kopRUiLeO84wPw, 2020-12-23。

第 4 章

1. 微信公众号"见实",《从这个角度看，私域流量一定是 100 亿美金以上超级大赛道！》, https://mp.weixin.qq.com/s/ZXUyN0tDeX803f4Ux3KgbQ, 2019-11-28。

2. 微信公众号"见实",《白鸦一口气发布了有赞 50 多组数据》, https://mp.weixin.qq.com/s/AIMFRkMBqclGdtEjg7wQtQ, 2019-05-10。
3. 微信公众号"见实",《白鸦放出有赞 9 组关键数据, 背后还有 5 大消费变化》, https://mp.weixin.qq.com/s/Xhh24dANc1ivu8fZKQlh6A, 2021-05-30。
4. 微信公众号"见实",《我们可以在微信上挣大钱! IDG 连盟说有些业务正被额外加分》, https://mp.weixin.qq.com/s/u8GSQNInnPO0D-8NMRfmHA, 2018-08-16。
5. 百度百家号"界面新闻",《拼多多回应游戏主播直播砍手机: "几万人参与砍价"不实, 且砍价成功》, https://baijiahao.baidu.com/s?id=1727712187006382174, 2022-3-19。
6. 腾讯网,《李佳琦双 11 单人销售额超 10 亿: 这里没有心灵鸡汤, 不打鸡血》, https://new.qq.com/omn/20191104/20191104A0D18H00.html, 2019-11-04。
7. 百度百家号"同花顺财经",《薇娅、李佳琦稳坐一二把交椅, 双 11 淘宝直播成交近 200 亿, 直播带货潜力无限》, https://baijiahao.baidu.com/s?id=1650051456862517862&wfr=spider&for=pc, 2019-11-13。
8. 腾讯视频,《没有人能理解我丨十三邀之薇娅》, https://v.qq.com/x/cover/mzc002007eh256q/l0936-djpqjq.html?, 2020-03-18。

第 5 章

1. 起点中文网,《〈疯子们, 狂欢结束啦!〉——五月月票夺冠总结》, https://vipreader.qidian.com/chapter/1979049/414121804, 2018-06-01。
2. 起点中文网,《公开信》, https://vipreader.qidian.com/chapter/1009704712/402548549, 2018-03-30。
3. 起点中文网,《发个单章, 说一说月票榜的事》, https://vipreader.qidian.com/chapter/1009704712/402461096, 2018-03-29。
4. 起点中文网,《牧神记 18 年盘点》, https://vipreader.qidian.com/chapter/1009704712/441183618, 2018-12-31。
5. 起点中文网,《大王饶命》, https://vipreader.qidian.com/chapter/1010191960/402516288, 2017-08-18。
6. 起点中文网,《2018 年, 大王饶命是年榜第一》, https://vipreader.qidian.com/chapter/1010191960/441282746, 2019-01-01。
7. 微信公众号"见实",《为什么社区团购这么火? 高榕零售投资模型一张图说透大赛道》, https://mp.weixin.qq.com/s/HMZEMZVcKdFmoibkdmVU7A, 2019-01-18。
8. 微信公众号"见实",《每单都在赚钱! 一个关键模型, 点透私域电商大赛道》, https://mp.weixin.qq.com/s/T9aP-AdWuSzA8qGLGr47gg, 2021-07-16。

第 6 章

1. 百家号"新浪科技",《三星手机中国市场败北》, http://baijiahao.baidu.com/s?id=1649702366698868-951, 2019-11-09。
2. 快科技,《Mate 7 已赚翻! 余承东: Mate 8 要卖千万部》, http://news.mydrivers.com/1/458/458624.htm, 2015-11-26。
3. 微信公众号"做个小游戏",《一亿人都在玩的创意小游戏, 一岁了》, https://mp.weixin.qq.com/s/NMakjD_qkxyrTMq7S4GHbA, 2019-11-07。
4. 百度百家号"虎嗅",《与〈冈仁波齐〉一起艰难修行: 导演张杨背后的三个商人》, https://baijiahao.baidu.com/s?id=1571491243421217&wfr=spider&for=pc, 2017-06-29。
5. 百度百家号"智东西",《小米手机首次登顶全球第一, 月销量超过三星苹果》, https://baijiahao.baidu.com/s?id=1707347963038773080, 2021-08-09。
6. 微信公众号"见实",《独家: 创网络电影记录的〈奇门遁甲〉挣了 5 638 万》, https://mp.weixin.qq.com/s/SgzDpQ-i6ErVtQtemrHTqA, 2020-09-03。

第 7 章

1. 苏珊·平克.村落效应 [M].青涂,译.杭州:浙江人民出版社,2017.
2. 百度百家号"叶子猪游戏网",《〈旅行的青蛙〉意义是什么?请好好思考一下》,https://baijiahao.baidu.com/s?id=1590351076503557369&wfr=spider&for=pc,2018-01-23。
3. 微信公众号"腾云",《未来的庭审什么样? AI 将成为原告和被告!》https://mp.weixin.qq.com/s/_bgNN0Cgl7Fni8OUI-xjWg,2018-03-05。
4. 应用程序"蔚来",《蔚来车主接二连三的无偿为蔚来打广告,为什么?》,https://app.nio.com/app/web/v2/content/1278137620?load_js_bridge=true&show_navigator=false&content_type=article&ADTAG=wechatfriend&share_uid=ER0xJWd1mgJGxBhrVEbYsA,2019-10-02。
5. 微信公众号"Morketing",《蔚来:有车主已经卖了 160 多台车》https://mp.weixin.qq.com/s/mKR0_gChK1q2cgBmvcV28A,2021-10-02。

第 8 章

1. 微信公众号"北戴河桃罐头厂电影修士会",《肖战粉丝偷袭 AO3 始末》,https://mp.weixin.qq.com/s/XnOn5zAvqkZfxyguTuOktw,2020-03-01。
2. 新浪网,《NBA 男孩和饭圈女孩,今后谁也别说谁》,https://tech.sina.com.cn/csj/2019-10-14/doc-iicezuev2067021.shtml,2019-10-14。
3. QQ 新闻,《"蔚忠贤"为何这么难》,https://xw.qq.com/cmsid/20210820A04EH100。
4. 深圳晚报,《深晚报道 | 爱奇艺取消选秀节目,会终结养成系偶像赛道吗》,http://app.myzaker.com/news/article.php?pk=612871941bc8e04d68000097&f=normal,2021-08-27。
5. 新浪网,《蔚来 9 月交付 10628 台!高管马麟:展车全部卖光》,https://finance.sina.com.cn/stock/usstock/c/2021-10-05/doc-iktzscyx8012916.shtml,2021-10-05。

第 9 章

1. 马丽.社交天性 [M].哈尔滨:黑龙江美术出版社,2019.
2. 奇普·希思,丹·希思.行为设计学:打造峰值体验 [M].靳婷婷,译.北京:中信出版社,2018.
3. 肖恩·埃利斯,摩根·布朗.增长黑客 [M].张溪梦,译.北京:中信出版社,2018.
4. 豆瓣阅读,黄不问,《谁骗走了你父母的养老钱》,https://read.douban.com/column/507025/?chapter_order=new。
5. 搜狐网,《今年 315 晚会曝光了哪些惊天黑幕?》,http://www.sohu.com/a/128993460_453791,2017-03-15。
6. 腾讯视频,《2017 年 315 晚会完整版》,https://v.qq.com/x/page/r0384g1yzui.html。

第 10 章

1. NHK 特别节目录制组.无缘社会 [M].高培明,译.上海:上海译文出版社,2018。
2. 宋丽娜.熟人社会是如何可能的 [M].北京:社会科学文献出版社,2014。
3. 微信公众号"见实",《腾讯点出私域这一年:商业形态正在不可逆演化和重组!》,https://mp.weixin.qq.com/s/672ZFObRs6lCDG0i5AOIlQ,2021-09-30。
4. 微信公众号"见实",《拿 2 轮融资的杨炯纬:私域有"难以想象"新机会》,https://mp.weixin.qq.com/s/-u7bz3wEM_t-BjKKWiM97Q,2021-10-11。

推 荐 语

■ 业界高管

陈彤
一点资讯总裁、
新浪网前总编辑

书中提到的许多重大节点，我都曾亲身参与和推动，但历史并没有消散，我很认同书中提到的底层思考，每次和朋友们讨论时也总会想起：越深刻理解过去，就越能看明白现在正在发生的，越能把握住未来将要出现的。创业一直以来都是在无数变化中迎难而上，现在又到了变化的新阶段。细读这本书，我们再聊时感触会不一样。推荐。

刘江峰
前华为荣耀总裁

创业这些年，对流量、用户的体会颇深，这本书中的很多观点，我都很认同。我们常讲以客户为中心、以流量为基础，目的是打造一个品牌或产品。这是每家公司的发展目标。公司管理者此时最需要的是对人性的洞察和解析，延伸到对消费者和目标客户的洞察。商业深处是人性，所有商业关系最后都是人与人的关系。这是我多年商业实践的一个终极领悟。志斌从他多年在私域流量、社交媒体（包括用户论坛）等领域的实践出发，有不少真知灼见，推荐这本书给每一个在商业领域打拼的人，相信它多少能在某些方面给予你启发。

沈锋
宝洁中国首席信息官

在数字化进入深水区的当下，私域变成了每家企业必须打造的能力，但是对于面向大众的消费品，如何做好私域是一个值得深思的问题。这本关于私域浪潮和未来商业大变革的书给了我很多启迪，关键还是在于跟消费者建立亲密关系，以短期变现为目的只能吸引追逐利益的陌生人，还是要有耐心，在点滴接触中探寻如何递进和增强跟消费者的关系，让用户与品牌从陌生走向亲密，从而能够抓住由私域开启的新商业变革红利。

李菁
梦洁集团执行董事长

阅读这本书，就像穿过浮躁的商业表象看本质：纵观卓越品牌的成长过程，从不以追求短期流量为目标，而是始终围绕（准）用户建立某种亲密关系，当（准）用户们成为"品牌共创共享者"时，商业价值不求自来！

杨飞
瑞幸咖啡联合创始人及
首席增长官、
畅销书《流量池》的作者

我在布局瑞幸私域的早期，经常跟志斌还有他的见实团队长聊。不仅共同看到了私域极大的增长价值，也是对我个人流量池理论研究的完善补充。今天回头来看，瑞幸的私域和用户数据平台已成为快速增长和降本增效的重要依托。布局私域不是无效冒进，相反是所有企业都应高度重视的战略重点，并且它会开启未来持续很长时间的数字进化。推荐深读这本书！

周树颖
泡泡玛特首席
消费者运营官

任何关系都需要用心经营，品牌与消费者的关系也不例外。在数字化浪潮席卷下，包括潮流玩具在内的许多行业都享受到了这轮由亲密关系开启的社交新红利。作者对私域和社交领域的研究独到且深入，见证并亲身推动了新一轮私域发展浪潮。这本书深入浅出，通过翔实的案例打开了我们对亲密关系的想象，我相信能够为企业家、品牌从业者提供积极的参考与启发。

孙来春
林清轩创始人

从疫情暴发后林清轩全面开启线上化转型，其间被媒体讨论了很多。如果拆开各个运营细节到底层，就是志斌新书中所提倡的这个观点：将用户当作闺密对待、努力让用户将林清轩认作闺密。我们深知只有做到这一点，产品才有未来。从趋势看，我们才刚刚开始，后续的演变会更具想象的空间。

陈丹青
新奥集团首席品牌官

营销本是一项直指人心的工作。欲先取之，必先予之，为用户创造价值永远是商业的本质。如今，不仅是你所使用的品牌定义着你，社交媒体也让我们看到万千粉丝聚合在一起催生、重构了无数的品牌，这是前所未有的巨大力量。如何在虚拟与现实镜像交错的半熟社会，通过产品或服务与用户建立亲密、互动、可持续的关系，是志斌这本新书探讨的话题。

毕胜
必要工业首席执行官

在私域出现前，所有商业关系均可以被称为"弱连接"，用户会很快遗忘、失联。私域把商业关系变成了具备高频互动的亲密关系，这必然要架构在高品质产品的基础上，也是这本书所描述的最好的私域关系。这是一本非常值得运营中详细参照和深度阅读的书。

赵知融
浙江拓扑纺织董事长

品牌与消费者的关系在目前经济发展放缓、增量减少的形势下越发重要，存量之争的关键在于如何高效抢人（消费者）。电商领域流量为王的时代正过渡到顾客为王的时代。作者从多年实践中梳理出一套非常实用的方法论，为像我这样在制造业奋斗了 30 年的老兵指明了如何利用产品与供应链优势，通过品牌和大爆品战略建立与消费者的"四高"关系，非常值得借鉴。

徐扬
微播易创始人、首席执行官

社交网络所推动的行业发展这件大事，往回看 10 余年，用户与用户之间、用户和关键意见领袖之间的不同种类亲密关系，起到了至关重要的作用。再看未来 10 余年，用户和品牌之间的关系，乃至亲密关系，同样至关重要。这个判断，被志斌深度且系统地在这本书中梳理出来，特别值得深读，也会是长期案头必备。

陈华
唱吧首席执行官

我和志斌围绕"和用户之间形成亲密关系"这件事长聊了几次，深以为然。今天许多创业机会在这个基础上诞生。要跟进的不仅仅是获客策略和方式，不仅仅是要不要进入私域，更是如何从产品和运营、组织结构优化等维度做深度的调整。这会是决定很多企业成败的关键。这本书推荐阅读！

张博
猫眼娱乐高级副总裁

志斌近些年来一直专注研究和深耕"关系与生产力"，我有幸能经常与他交流、共同成长。作为电影行业从业者，在宣发上大多经历了从抢占影院空间到抢占用户心智的过程，这其中，研究和经营用户关系是宣发团队的重点研究方向。这本书透过不同行业的实战经验，结合志斌团队多年总结的方法论，非常值得被更多地阅读、思考和传播，期待这本书与我们每个人都能形成"最好的关系"。

林少
十点读书 App 创始人

我们在新书中看到了最敏锐的运营直觉和市场前瞻。可以说，志斌的新书提及的种种现象和要点，与十点读书此刻正在推进的运营策略调整几乎是一致的。这不仅仅是私域，更是一个关于未来的新趋势。本书值得深读、细读。

袁泽陆
夸父炸串创始人

实体行业经营亘古不变的道理就是"人气"，在数字化时代背景下，聚人气的工具层出不穷，但归根结底还是"亲密关系"决定"超强信任"，消费品牌想要解决流量太贵的问题，核心就在于经营和用户的"亲密关系"，流量贵就是品牌没有经营好亲密关系而付出的代价。这本书从消费者心理和行为多重角度阐释数字化时代用户运营的新增长飞轮逻辑，值得每个消费品牌创始人一读。

私域前沿人士

白鸦
有赞科技创始人

当经济增长逐步放缓，未来商业将进入存量时代。在过去的增量时代，关注营销效率就可以获得成功，而在未来的存量时代则不行，成功的关键会变为如何做好更加深度且亲密的客户关系，比如如何建立良好的客户关系、如何请老客户使用他的关系帮助带来新客户。这本书详细解读了亲密关系在未来商业变革中的

推荐语 | 241

| 巨大作用，是未来商业成功的关键密码。

吴明辉
明略科技创始人

| 志斌对用户、平台、商业价值和社会经济的洞察十分敏锐，基于人际信任关系的分析对理解趋势变化大有裨益。以连接、信任为核心的私域商业已呈现繁荣景象，无论是活跃度、交易额，还是生态参与方的共识达成，都表明这是大势所趋。同时，品牌私域与消费者之间的信任不是一朝一夕形成的，相信工具、平台与数据技术能够帮助品牌与消费者持续互动，建立信任关系，从而实现高效增长。

孙涛勇
微盟集团董事会主席兼首席执行官

| 商业模式的每一次演进、迭代，都会推动品牌和用户之间连接方式和连接效率的重构。构建深度的、长期的、可信任的、忠诚的用户关系，将成为去中心化新商业时代里，品牌应对不确定性、迎接商业变革的重要能力之一。如何在私域浪潮下与用户构建关系飞轮，推荐正在探寻用户价值增长的从业者仔细研读。

杨明
微盛·企微管家创始人

| 志斌的这本新书深度诠释了私域浪潮，将企业如何建立与用户的亲密关系做了系统拆解分析，可谓入木三分。从实践经验抽象出理论框架，不仅与微盛6年来的实践相契合，还给行业提供了产品与服务的方法论，这是对行业的贡献。推荐从业者细读。

鬼谷
鲸灵集团创始人、首席执行官

| 有幸提前试读了志斌的这本新书，深感共鸣，鲸灵的理念也与其不谋而合。作为16年的电商老兵，从参与开创淘宝到进入私域创业，流量在这个过程中发生了

巨大的变化。很明显，过去的运营模式不再适用，加强信任和亲密关系成为增长的关键，新的行业分水岭已经到来。

何健星
艾客创始人

艾客用"工具+方法论"的方式深耕私域智能营销已经7年，打磨出一套行之有效的私域理论体系，没想到在志斌的这本新书中被详尽描绘了出来，可见做事的人感受到的风向是一致的。行业走到了理论的前面，私域一定是一个大浪潮的开始。特别是随着营销成本逐年攀升，私域及后续演进的新玩法也一定会成为所有商家运营的胜负手。

ROY
233 首席执行官

从草莽收割流量到用户精细化运营，是许多企业正在思考和探索的新路径，这本书从一个看似平凡又正好击中当下企业痛点的角度，为读者讲述了一个又一个真实的数据与案例，非常详尽地阐述了背后的洞察与思考。如果你也在探索如何从传统的客户关系管理转向用户关系运营与新用户价值评估，我非常推荐你认真阅读这本书。

顾泽良
一知智能联合创始人

私域的本质是在对的时候和对的人说对的话，只是当量级达到十万甚至百万时，需要数字化+人工智能驱动去完成背后的千人千面，这样用户才能基于优质的亲密关系长期"投票"给商家。

彭一
超级导购首席执行官

围绕这本书的核心内容，我曾和作者有过一次彻夜深聊，并解开了我心中很大一个结，这个结就是导购这个群体在私域、数字化战略认知上的真正价值。对底层的理解和把握是见实和徐志斌本人的本能优势。这种优势又淋漓尽致地呈现在了这本书中。强烈推荐一读。

徐亚波
数说故事创始人、首席执行官

第一次接触志斌就觉得他很懂私域和更广泛的营销数字化这个大领域。读了这本书才知道其背后有这么多的经验和理论体系在支撑。这些年，对流量的崇拜大行其道，以至于很多人把私域理解为自己可控的、可多次使用的流量，殊不知品牌和用户的关系才是背后的本质。喜欢这本书的结论，即私域或很短，亲密关系所主导的红利却很长。忘记流量，做好产品，经营好用户关系，一切将会随之而来。

王磊
百应科技创始人、首席执行官

今天用户不再只是品牌的消费者，而是产品的设计者、服务流程的定义者等等，并且用户能力的增长速度远快于企业。要想获取这些用户能力，就必须把用户视为企业的一部分、把与用户建立亲密关系视为企业管理的核心。这将是未来新的增长飞轮。而支撑新飞轮，需要以沟通和情感为中心、以自然语言处理为核心的认知智能技术能力、新信息化基础建设。阅读这本书，我最大感受是，在不确定性的环境中，徐志斌为我们清晰地展现了通往确定性机会的大门。这本书值得反复阅读。

知名投资人

朱啸虎
金沙江创投主管合伙人

2020年新冠肺炎疫情暴发后，包括私域在内的企服市场处于加速成长赛道。深究去看，左右行业成长的不仅仅是企业需求，用户和企业的关系也发生了质变。重做的并不是客户关系管理这个"轮子"，重做的正是这本书中提及的"用户和企业要形成亲密关系"这件事情。未来几年，亲密关系还会变得更重要。

吴世春
梅花创投创始合伙人

这本书将"关系"做了系统性阐述，也针对当下如何维系最好的关系提出了方法论。志斌对商业经营中"最好的关系"的理解是非常深入的。可以说，一段关系能否长久、能否更亲密、能否创造更多价值，在于维护这段关系的人的格局与心态。就像我提出的创业者四个品质：格局、心态、认知力和心力。希望所有读者能因这本书得到启发，深度理解"最好的关系"。这本书值得多次品读。

刘德乐
资深投资人、
优酷土豆集团前总裁

这本书对我们做影响力投资具有极大的参考价值。任何投资和经营活动都是关系本位的，关系决定企业是谁、企业如何定义自身。这本书对社交红利、亲密关系如何左右未来商业变革等问题做的研究非常深刻，具有重要的指导意义。

▗ 意见领袖

吴声
场景方法论提出者、
场景实验室创始人

后疫情时代，社交红利越来越表现为商业的亲密关系：你对用户好，用户会对你更好。人无法作为流量被组织，需要以场景持续激活关系，新品牌逻辑与新商业模式因此受益。志斌的新作让我们看到，数字化让品牌和用户关系亲密的背后，也让亲密场景推动的数字商业更具人的温度。

郑毓煌
清华大学经济管理学院
市场营销系博士生导师、
世界营销名人堂中国区
首位评委

在"流量"和"私域"成为热词的今天，究竟该如何通过私域流量获得营销和商业上成功？如何建立客户关系并打造客户忠诚？对广大企业家和企业高管来说，徐志斌这本新书值得一读！

郝婧
波士顿咨询董事总经理、
全球合伙人

徐志斌是我碰到研究私域一直都抓住本质不放的人，这本书更是帮读者将这层窗户纸彻底捅破，边读可以边思考你对用户来讲意味着什么角色，什么样的互动和定位才能让你和用户一起走得更长远，最后一定是互相成就、融为一体。这本书用生动的语言提出几种典型的关系定位策略，在每种定位下又用鲜活的案例阐述了企业可采取的策略。相信这本书会给读者带来新的思考。

陈徐彬
虎啸奖创始人

公域流量红利几近消弭，私域运营成为众多品牌管理者的头等大事。潜在用户不断由公域引流转化为私域用户，最后成为现实消费者，这只是营销数字化的一个阶段。随后，通过"与您有关"的内容借助行之有效的运营工具实现品牌数字资产的积累，这是建立关系并逐步加深的过程。从关系出发到未来，品牌建设就是要用"最好的关系"朝最好的未来努力，这是一个不断蜕变上升的进程，没有终点。

申晨
熊猫传媒创始人

志斌对社交中的知识体系和思考深度，以及对前沿趋势的观察和总结，都在行业内处于领先地位。这 10 多年来，志斌围绕一个主题连续出了 4 本书，每本都能推陈出新。更重要的是，新书每每都能与我们正在做、将要做的事情相吻合，是非常好的参照和对标。推荐细读！

李国威
闻远达诚管理咨询总裁、资深媒体和公关人

这本书不仅将私域这种时髦而模糊的营销术语变成了逻辑清晰的方法论，也为我常年研究思考的公关和整合营销在社交时代如何推动增长提供了宝贵的参考。这本书延续了徐志斌案例丰富、数据缜密、行文流畅的写作风格，是当代营销从业者的必读书。

方立军
金鼠标数字营销大赛联合创办人、执行主席

私域是数字化时代的金矿，但改变商业的不是私域，而是用户和企业之间形成的亲密关系。我们需要用新的世界观和价值观、新的管理运行方式来理解和转化今天遇到的问题。企业经营者和品牌管理者是时候学点儿傍身的功夫了！这本书里满是亲力亲为的调研，从书中的案例开始，你可以剥洋葱式地思考企业和用户如何形成亲密关系。

班丽婵
CMO 训练营创始人、首席执行官

我迫不及待地看完书稿，里面各大案例复盘得相当精彩和及时。很大的共鸣是：首席营销官对关系的洞察、用户体系的搭建和运营已成为当下最核心的能力。

> 通过亲密关系体系的设置，能逐步搭建起"各美其美、美美与共"的生态体系，并成为企业新护城河。这里将会有无限想象的空间。

周一
水滴风马
产品创新公社创始人

> 和用户构建亲密关系是每一位产品人未来必须思考的命题，是一趟探寻产品"真相"的旅程，也是每个产品创造者一生的修行。

■ 试读老铁

空手
《传神文案》作者

> 追更徐志斌老师 10 年，从《社交红利》到《即时引爆》《小群效应》，再到这本书。中国互联网高速发展，带来了一波又一波前所未有的机会，但这也意味着创业者的思维、方法必须不断更新迭代，否则会被时代抛弃。徐老师作为一名 10 年来一直在风口浪尖上的老舵手，跟上他的脚步准没错。读他的著作，既能看到前瞻未来的开阔视野，又能学到适合当下的操作方法，还能穿透中国互联网历史发展的逻辑脉络。

王导
运营学社 & 瓶颈学社社长

> 作为一直参与试读和共建的读者，我想强烈推荐一下这本书：如果你相信任何系统中必然存在一组少数要素（瓶颈），并决定了整个系统产出，那么这本书就是在讲述那个决定企业增长的秘密——客户关系。更重要的是，作者详细拆解了品牌与客户构建亲密关系的系统方法论。非常值得深读！

王磊
金剑客创始人

和其他服务相比，银行和用户的关系天然更紧密、更持续。从 2021 年开始，各大银行在描述手机银行时不再强调功能特点，而是描述自己和用户是什么关系、是用户生活中的什么角色。在这本书的指引下，银行运营者更能深刻地理解关系、用好关系。

曹成明
人人都是产品经理社区、起点课堂首席执行官

徐志斌是真正的创作者，每次都希望创造新的东西出来，为此不惜用数年时间探索、调研、复盘和归因，从而提出新理念，告知大家时下的新变化，以及变化的底层逻辑。看完这本书，我对私域有了更深层的认知，原来只有跟用户建立"亲密关系"，才能真正实现运营结果，才可能持续成交、复购、实现口碑传播。推荐做产品和运营的小伙伴阅读这本书。